HELMUT RAISER

Der Schutzhund

Die Ausbildung von Gebrauchshunden
für den Schutzdienst

Mit einem Anhang über den Jagdgebrauchshund von
HEINRICH UHDE

Mit 107 Abbildungen

VERLAG PAUL PAREY · HAMBURG UND BERLIN

Die Photographien für den Text und Einband fertigte Reinhold Münzner

Titelbild: Vargo vom Seebachtal, SZ Nr. 1368 243. Wurftag 20. 10. 1975, zweijährig bei der Ausbildung, SV-Bundessieger 1979

CIP-Kurztitelaufnahme der Deutschen Bibliothek

Raiser, Helmut:
Der Schutzhund : d. Ausbildung von Gebrauchshunden
für d. Schutzdienst / Helmut Raiser. Mit e. Anh.
über d. Jagdgebrauchshund von Heinrich Uhde.
[Die Photogr. fertigte Reinhold Münzner]. – 2.
Aufl. – Hamburg : Berlin : Parey, 1981.
　ISBN 3-490-40312-6

Das Werk ist urheberrechtlich geschützt. Die dadurch begründeten Rechte, insbesondere die der Übersetzung, des Nachdruckes, des Vortrages, der Entnahme von Abbildungen, der Funksendung, der Wiedergabe auf photomechanischem oder ähnlichem Wege und der Speicherung in Datenverarbeitungsanlagen, bleiben, auch bei nur auszugsweiser Verwertung, vorbehalten. Werden einzelne Vervielfältigungsstücke in dem nach § 54 Abs. 1 UrhG zulässigen Umfang für gewerbliche Zwecke hergestellt, ist an den Verlag die nach § 54 Abs. 2 UrhG zu zahlende Vergütung zu entrichten, über deren Höhe der Verlag Auskunft gibt. © 1979 und 1981 Verlag Paul Parey, Hamburg und Berlin. Anschriften: Spitalerstraße 12, 2000 Hamburg 1; Lindenstraße 44–47, 1000 Berlin 61. Printed in Germany by Druckerei Gebr. Rasch & Co., Bramsche/Osnabrück. Einbandgestaltung: Jan Buchholz und Reni Hinsch, Hamburg.

ISBN 3-490-40312-6

Vorwort

Bisher habe ich vergeblich nach Literatur gesucht, die Aufschluß über Schutzdienstausbildung bei einem Gebrauchshund gibt. Die Ausbildung in der Fährtenarbeit und in der Unterordnung ist teilweise sehr gut dargestellt; in Sachen Schutzdienst ist hingegen meist kaum mehr zu lesen als Forderungen, die an den Hund gestellt werden. Wenig scheint über den Ausbildungsweg bekannt zu sein, oder man will nicht „verraten", wie ein Hund im Schutzdienst ausgebildet werden kann. Licht in dieses Dunkel zu bringen, ist ein Bestreben dieses Buches, das ich aber vor allem als Arbeitsgrundlage für Helferlehrgänge geschrieben habe.

Langjähriges Praktizieren und Theoretisieren hat zu den in diesem Buch beschriebenen Erkenntnissen geführt. Deshalb möchte ich an dieser Stelle meinen Vereinskameraden danken, von denen ich die Herren WOLFGANG BECHTOLD, KLAUS HUBER und GÜNTER WASHAUSEN besonders hervorheben möchte. In langen Diskussionen und in unermüdlicher praktischer Abrichte-Arbeit haben wir unsere oft sehr unterschiedlichen Meinungen abgeschliffen und schließlich Gesetzmäßigkeiten der Hundearbeit festgestellt, die in diesem Buch ihren Niederschlag finden.

Doch auch die Bebilderung ist nicht allein mein Werk. Hier gilt der Dank meinem Sportfreund REINHOLD MÜNZNER, der mir große Hilfe zuteil werden ließ, und dem Studienkommilitonen JÜRGEN VAN BUER, der seine Photoausrüstung bereitwillig zur Verfügung stellte.

Dem Verlag Paul Parey, von dem ich viel Hilfe und Unterstützung bekommen habe, danke ich für die Anregungen und Betreuung, und Hertn HEINRICH UHDE für den Anhang über die speziellen Verhältnisse beim Jagdhund.

HELMUT RAISER

Inhalt

Einleitung 7

ERSTER TEIL

I. Triebanlagen für den Schutzdienst 9
   A. Der Beutetrieb 9
   B. Der Wehrtrieb – Das Meideverhalten 10
      1. Wehrtrieb 10
      2. Meideverhalten 11
      3. Drohen und andere Schlüsselreize für Wehrverhalten 11
      4. Steuerung von Wehr- und Meideverhalten 13
      5. Kritische Distanz, Fluchtdistanz, Individualdistanz 14
   C. Der Aggressionstrieb 15
   D. Der Kampftrieb 18
II. Ethologische Grundbegriffe und -gesetze 20
   A. Appetenz, Schlüsselreiz, Instinkthandlung, Endhandlung, Triebziel .. 20
   B. Leerlaufreaktion, Intentionsbewegung 21
   C. Konfliktverhalten 22
   D. Reizsummation 25
   E. Aktionsspezifische und Reizspezifische Ermüdung 26
III. Lerngesetze für Hunde 27
   A. Klassische Konditionierung 27
   B. Instrumentelle Konditionierung 28

ZWEITER TEIL

I. Beutetriebförderung 31
   A. Motivation schaffen durch Reizen und Streitigmachen 31
   B. Der erste Anbiß 36
   C. Die Übersetzung auf den Ärmel 38
   D. Der Angriff 44
   E. „Kämpfen" lehren („Totschütteln") 48
   F. Ziel der Beutetriebförderung 52
II. Wehrtriebförderung 54
   A. Nervenbelastung erhöhen durch Streitigmachen der Beute und
      Ausnutzen der Unsicherheiten 55
   B. Wehren gegen den Helfer 57
      1. Hund und Hundeführer bedrohen 57

  2. Den angebundenen, auf sich gestellten Hund bedrohen 58
  3. Wehrverhalten kontern oder den Hund angreifen 59
 C. Kanalisierung von Wehrverhalten in Beutetrieb 61
III. Ausbildung 65
 A. Die Verbellübung 65
  1. Sperren durch Leine 68
  2. Sperren durch den Helfer 69
  3. Durchbrechen lassen 71
  4. Abwehr 72
  5. Abbau von Hilfen und Üben zusätzlicher Schwierigkeiten 72
 B. Die Aus-Übung 73
  1. Auslassen an der toten Beute 74
  2. Im Versteck mit Leine 74
  3. Im Versteck ohne Leine 75
  4. Ohne Rückendeckung 76
 C. Das Revieren 80
  1. Verstecke klarmachen 80
  2. Vertrauen geben bis der Hund zügig reviert 81
  3. Einüben des Abrufens 82
  4. Zwangsvoran 83
Schlußwort 87
Literatur 88

ANHANG

Die Ausbildung des Jagdgebrauchshundes 89

Dieses Buch ist für Menschen geschrieben,
die sich mit der Ausbildung eines Schutzhundes befassen

Einleitung

> Das Geheimnis aller Erziehung und Ausbildung beruht im richtigen Erkennen und Verwenden vorhandener Anlagen.
>
> v. Stephanitz

Man kann über diese Worte des Nestors der Schäferhundzucht flüchtig hinweglesen, man kann aber auch lange über sie nachdenken; gerade vorwurfsvoll und ich meine auch in unsere Zeit übertragbar klingen seine Worte: „Nicht jeder ist zum Erzieher geeignet, noch weniger zum Ausbilder. Und wenn wir heute eine verhältnismäßig noch geringe Zahl in allen Fächern wirklich sicher arbeitender Hunde haben, so liegt das nicht am Unvermögen der Hunde, die ihnen gestellten Aufgaben zu lösen, sondern an der Unfähigkeit der Führer: Die Diensthundfrage, d. h. die Frage der Möglichkeiten erfolgreicher Verwendung von Hunden im Dienst, in jedem Dienst, nicht bloß zur Spurarbeit im Ermittlungsdienst, ist, wie schon gesagt, viel mehr eine Führer- als eine Hundefrage."

Wenn ich es mir anmaßen darf, diese großen Worte zu ergänzen, so möchte ich behaupten, daß noch weniger zum Helfer geeignet sind als zum Ausbilder. Kein Wunder also, daß wir im Schutzdienst nur eine „verhältnismäßig geringe Zahl wirklich sicher arbeitender Hunde" haben, denn der Helfer ist schließlich der Hauptverantwortliche für den Werdegang eines Hundes im Schutzdienst. Bedenkt man die Tatsache, daß vielerorts der Erstbeste das Schutzzeug anzieht, meist der Kräftigste oder am wenigsten Ängstliche, so ist diese Tatsache nicht erstaunlich, daß hingegen die Hunde überhaupt beißen, wundert schon eher. Es liegt wohl daran, „daß der Drang, die ‚Würde', das Prestige zu wahren, nämlich nicht spezifisch menschlich, sondern tief in den instinktmäßigen Schichten des Seelenlebens verankert ist, in denen höhere Tiere uns aufs nächste verwandt sind." (LORENZ)

Ein Helfer muß mehr als kämpfen können, viel wichtiger ist beispielsweise, daß er verlieren kann. Vor allen Dingen aber muß er wissen, welche Anlagen er nutzen kann, und wie er es anstellt, um aus dem Hund

Einleitung

einen Schutzhund zu machen. Betont sei an dieser Stelle, daß nicht das theoretische Grundwissen allein ausreicht, um ein guter Helfer zu sein, die praktische Erfahrung bei der Hundeausbildung ist die zweite unabdingbare Voraussetzung für einen guten Helfer. Andererseits glaube ich, daß die Theorie viele Fehler in der Praxis vermeiden hilft, daß sie hilft, einige Ausbildungsabschnitte direkter zu erreichen, und außerdem lassen sich neue methodische Maßnahmen von der Theorie her häufig schneller ableiten, als durch bloßes Herumprobieren in der Praxis. Deshalb möchte ich mich zu Beginn theoretisch mit der Schutzdienstausbildung auseinandersetzen, um dann vielleicht mehr Verständnis für den praktischen Teil zu erreichen.

Die wichtigsten trieblichen Anlagen, die uns bei der Schutzhundausbildung zur Verfügung stehen, sind der Beutetrieb, der Wehrtrieb, der Aggressionstrieb und das Meideverhalten. Untersucht man das zu erreichende Ziel, so stellt man fest, daß die Gesamtheit dieser Triebmäßigkeiten bei einer Schutzhundprüfung unter der Kategorie „Kampftrieb" abgetestet werden. Die Schutzhundprüfung als Ganzes umfaßt außer der Beurteilung der Triebmäßigkeiten noch die Beurteilung der Lernfähigkeit bzw. des Gelernten.

Wenn wir gemäß STEPHANITZ' Worten Schutzdienstausbildung betreiben wollen, scheint es notwendig, die Anlagen: Beutetrieb, Wehrtrieb, Aggressionstrieb (Kampftrieb), Meideverhalten und Lernfähigkeit richtig zu erkennen und zu nutzen. Deshalb will ich zuerst diese Begriffe erläutern.

ERSTER TEIL

I. Triebanlagen für den Schutzdienst

A. Der Beutetrieb

Der Beutetrieb ist dem Funktionskreis der Nahrungsaufnahme zugeordnet. Zum Beuteverhalten gehören Verhaltensweisen wie Hetzen und Treiben der Beute, das Vorstehen, das Tragen oder Apportieren, das Verfolgen auf Sicht oder nach Geruchsspur, das charakteristische Beutetotschütteln, das Hunde während des Spielens mit einem Lappen zeigen, sowie das Anspringen, Zubeißen und Niederziehen. Die Schlüsselreize, die einen Hund zum Beuteverhalten animieren, liest man am besten von dem Verhalten einer echten Beute ab. Eine Beute bewegt sich immer panikartig weg vom Hund und ist in ständiger Bewegung. Die Instinkthandlung des Beuteverhaltens, die durch diesen Beutereiz ausgelöst wird, ist folgende: Der Hund verfolgt die Beute, springt sie an, beißt zu und zieht sie nieder. Beißt der Hund schwach zu, versucht die Beute zu entkommen, greift er fest zu, erfolgt ein Totstellreflex beim Beutetier, es „ergibt" sich. Sobald der Griff nachläßt, versucht die Beute zu fliehen, der Hund faßt wieder zu und schüttelt tot. Die Beute wird getragen. Der Beutetrieb ist befriedigt, denn die Endhandlung (das Triebziel) ist erreicht.

Der Beutetrieb ist schon beim Welpen vorhanden und prägt sich mit der Reifung weiter aus. Er zählt zu den trainierbaren Instinktmäßigkeiten, d.h., er kann durch Lernprozesse gefördert oder gehemmt werden. Der Beutetrieb unterliegt sowohl der reizspezifischen wie der aktionsspezifischen Ermüdung (s. S. 26).

Hier ergeben sich schon die ersten für die Schutzdienstausbildung nutzbaren Verhaltensweisen: Das Hetzen des im Versteck stehenden Helfers, das Verfolgen, das Anspringen, das Festhalten des fliehenden Helfers und das kräftige Schütteln am Arm des Helfers sind Verhaltensweisen, die jeder Hundeführer bei seinem Hund wertschätzt.

B. Der Wehrtrieb – Das Meideverhalten

1. Wehrtrieb

Der Wehrtrieb ist dem Funktionskreis des Aggressionsverhaltens zugeordnet und kann sich mit vielen Funktionskreisen überlagern. Zum Wehrverhalten gehören Verhaltensweisen des Drohens, des Fixierens, der aggressiven Abwehr und des Zubeißens. Der Schlüsselreiz zum Wehrverhalten ist ganz allgemein gefaßt eine Bedrohung physischer oder psychischer Art oder offene Aggression. Das Triebziel, welches der Hund mit Wehrverhalten erreichen will, ist stets Meideverhalten beim Bedroher zu erzeugen.

Wehrverhalten kann unterschiedlich motiviert sein, je nachdem in welchem Funktionskreis es auftritt. Im Funktionskreis der Nahrungsaufnahme kann es als Beutebewachen oder -verteidigen auftreten. Das Triebziel ist erreicht, wenn beim Rivalen Meideverhalten erzeugt wird. Im Funktionskreis des Sexualverhaltens kann es als Kinder-, Haustiere- oder Welpenbewachen fungieren. Das Triebziel ist erreicht, wenn der Bedroher Meideverhalten zeigt. Und schließlich kann es in den sozialen Bereichen auftreten, hier dient es der Festlegung der Rangpositionen, der Wahrung von Privilegien zum Beispiel territorialer Art, der Verteidigung gegen Fremdes oder als Notwehr (Angstbeißen).

Der Wehrtrieb unterliegt nicht der reizspezifischen oder aktionsspezifischen Ermüdung, ist also ständig aktivierbar und muß deshalb Bestandteil des Kampfverhaltens eines Schutzhundes sein. Aus dem Wehrverhalten ergeben sich also für die Schutzdienstausbildung nutzbare Verhaltensweisen, wie zum Beispiel das Kontern bei Bedrohungen oder Belastungen physischer oder psychischer Art.

In der Praxis kann die Provokation von Wehrverhalten zum Beispiel folgendermaßen aussehen: Der Helfer geht auf den Hund zu und bedroht ihn, der Hund zeigt seinerseits aggressive Drohgebärden (Knurren, Bellen, Beißen), der Helfer flieht, der Hund hat sein Triebziel erreicht. – Leider sieht das nur selten so aus, meist flieht der Hund, wenn nicht stärkere Interessen ihn zum Wehrverhalten zwingen, wie es eine Beute, ein Territorium oder die Auswegslosigkeit, wenn er angebunden ist (Angstbeißen), sind. Hier zeigt sich das antagonistische Verhältnis zwischen Wehrtrieb und Meideverhalten, denn der Schlüsselreiz für Meideverhalten ist der gleiche wie für Wehrverhalten. Gerade hierin liegt die große Gefahr der Wehrtriebförderung.

2. Meideverhalten

Bevor ich weiter auf das antagonistische Verhältnis dieser beiden so wichtigen und vorsichtig bei der Schutzhundausbildung zu behandelnden Triebmäßigkeiten eingehe, will ich noch kurz das Meideverhalten charakterisieren. Der Schlüsselreiz ist, wie gesagt, ebenso wie beim Wehrverhalten eine Bedrohung physischer oder psychischer Art bzw. offene Aggression. Das Triebziel, welches der Hund mit Meideverhalten erreichen will, ist die Erhaltung der persönlichen, körperlichen Unversehrtheit, die Feind- und Schädlichkeitsvermeidung, das Sich-in-Sicherheit-bringen vor bedrohlichen Ereignissen und Feinden. Die Verhaltensweisen, welche ein Hund dabei zeigt, sind Flucht, ein Aus-dem-Wege-gehen, ein Deckungnehmen oder Verkriechen, das Unterlassen eines begonnenen Vorhabens, sowie Demuts- und andere Unterwerfungs- und Unterlegenheitszeichen gegenüber einem stärkeren Artgenossen. Meideverhalten ist jederzeit aktivierbar und wird nicht zuletzt deshalb häufig als meistverwandte Triebmäßigkeit bei der Unterordnungsausbildung genutzt (Zwangsabrichtung).

Aus dem Vorangegangenen geht schon hervor, daß man mit der Bedrohung oder der offenen Aggression dosiert taktieren muß, will man beim Hund Wehrverhalten statt Meideverhalten erzeugen. Deshalb ist es wichtig zu wissen, welche Verhaltensweisen der Hund als Bedrohung oder offene Aggression auffaßt, und welche Einflußgrößen sein Verhalten steuern.

3. Drohen und andere Schlüsselreize für Wehrverhalten

Eine Möglichkeit, um bei einem Hund Wehr- bzw. Meideverhalten zu erzeugen, ist das Drohen. Die biologische Funktion des Drohens liegt in der „Einschüchterung" des Konkurrenten, der zum Meideverhalten veranlaßt werden soll, bevor es zum wirklichen Kampf kommt. Zwei Erscheinungsformen des Drohverhaltens treten besonders häufig auf: Entweder macht sich der Drohende besonders groß, d.h. er vergrößert seine Körperumrisse, oder er stellt seine Waffen demonstrativ zur Schau. Selbstbewußte Hunde, die eine hohe Reizschwelle für die Auslösbarkeit von Meideverhalten (= „Mut") haben, reagieren darauf eher mit Wehr- als mit Meideverhalten.

Drohen kann aber auch noch auf andere Weise geschehen. So zum Beispiel ist Anstarren eine weitere Form des Drohens. Lorenz sagt dazu: „Die meisten Tiere, die überhaupt beidäugig fixieren können, wie

Fische, Reptilien, Vögel und Säuger, tun dies stets nur für kurze Zeit und in Augenblicken höchster, zielgerichteter Spannung: entweder fürchten sie sich vor dem fixierten Objekt oder sie haben etwas mit ihm vor und dann meistens nichts Gutes. Dementsprechend empfinden Tiere untereinander ein direktes Fixieren als ausgesprochen feindselig, ja bedrohlich", auch hier zeigt sich das antagonistische Verhältnis von Wehr- und Meideverhalten.

Markieren ist auch eine Form des Drohens, es ist jedoch ein ungerichtetes Drohen.

Eine andere Möglichkeit, Wehrverhalten zu provozieren, ist die absichtliche Unterdrückung normaler Begrüßungen, denn dies ist gleichbedeutend mit offener Aggression. Diese Reaktion können wir auch an uns selbst feststellen; wenn sich ein Fremder zu unserer Gruppe drängt, ohne zu grüßen, wird er sehr schnell mit „Meide- oder Wehrverhalten" belegt. Deshalb auch muß ein fremder Hund, wenn er überhaupt geduldet wird, erst ein ganzes Verhaltensrepertoire abspulen, bevor er von einem Rudel akzeptiert wird, deshalb ist unser Hund zu Hause auch so mißlaunig, wenn ein Fremder an der Haustür klingelt.

Ein weiteres Mittel, um Wehrverhalten zu erzeugen, ist offene Aggressivität, die nur ältere und selbstbewußte Tiere mit Wehrverhalten beantworten, die aber häufig zu Wehrverhalten in der Form von Notwehr führt, wenn die Fluchtmöglichkeit verhindert ist. Wir reden dann vom Angstbeißen, und in der Verhaltensforschung wird dieses Verhalten als kritische Reaktion bezeichnet. Wehrverhalten kann auch erzeugt werden, indem man androht, dem Hund eine Beute oder ähnliches wegzunehmen.

Interessanterweise haben Motivationsanalysen gezeigt, daß dem Drohverhalten eine Mischmotivation zugrunde liegen kann, an der Angriffs- und Fluchttendenzen beteiligt sind. Sie läßt sich in vielen Fällen schon aus der „ambivalenten" Form der betreffenden Verhaltensweisen erkennen, die aus unvollständigen Angriffs- und Fluchtelementen zusammengesetzt sind. Lorenz beobachtete: „Diese Mimik, die man ganz allgemein als Drohen zu bezeichnen pflegt, kommt überhaupt nur dann zustande, wenn die Tendenz anzugreifen durch Furcht, zumindest durch ein ganz klein wenig Furcht, gehemmt wird. Ganz ohne diese beißt ein Tier nämlich ohne jedes Drohen mit demselben ruhigen Gesicht zu, das nur ein ganz klein wenig Spannung verrät." – Wenn ich an das Getöse der „Panikbeißer" denke, muß ich dieser Auffassung zustimmen.

Für die Helfertätigkeit ergibt sich deshalb die Notwendigkeit, niemals selbstbewußt dem Hund zu drohen, sondern immer eine Mischmotivation aus Furcht und Angriff vorzuheucheln. Je unsicherer ein

Helfer beim Drohen wirken kann, desto selbstsicherer wird der Hund Wehrverhalten zeigen.

4. Steuerung von Wehr- und Meideverhalten

Entscheidend darüber, welches Verhalten dominiert, ist das Selbstbewußtsein und die Vehemenz des Drohenden sowie des Bedrohten. Bei beiden spielen eine Vielzahl von Faktoren mit, vor allem das Alter der Tiere, denn viele Instinkte reifen erst zwischen dem ersten und zweiten, manchmal gar erst gegen das dritte Lebensjahr hin voll aus, wie zum Beispiel der Wehrtrieb, die Raubzeugschärfe, das Vorstehen der Jagdhunde und auch bei manchen Hunden das Territoriumverbellen und der Schutztrieb.

Aber auch Umweltreize beeinflussen den Hund ebenso wie Erfahrungen. So hat die Verhaltensforschung festgestellt, daß die Verteidigungsbereitschaft eines Revierinhabers vom Mittelpunkt des Revieres nach außen hin abnimmt, während der Fluchttrieb in gleichem Maße ansteigt. Im Zentrum ist der Wehrtrieb hingegen so groß, daß der Hund sehr intensiven Angriffen standhält. Von daher ist es auch nicht verwunderlich, daß gerade die nervenschwachen Hunde, die sich zu Hause durch jede Kleinigkeit bedroht fühlen und aggressives Wehrverhalten zeigen (der gute Wachhund), in fremder Umgebung eher eingeschüchtert und ängstlich Meideverhalten zeigen. Wenn sie dann aber tatsächlich bedroht werden oder besser gesagt sich bedroht fühlen und nicht fliehen können, reagieren sie mit der Flucht nach vorn, wie ein typischer Angstbeißer.

Auch andere Umweltreize, wie eine Beute, ein Geschlechtspartner usw. können den Hund zu stärkerem Wehr- anstatt zum Meideverhalten motivieren; ich erklärte eingangs schon, daß Wehrverhalten in verschiedenen Funktionskreisen auftreten kann.

Der nervenstarke Hund ist immer der selbstsicherere und im Wehrtrieb belastbarere. Schon kleine Welpen testen einander ab, wer die Bedrohungen, im wesentlichen psychischer Art, am besten erträgt. Sie machen sich einen Spaß daraus, einem anderen den Fleischbrocken streitig zu machen, und wehe dem, der sich einschüchtern läßt, statt gleichgültig oder wehrhaft, je nach dem Grad der Bedrohung, seine Beute zu verteidigen, der wird sehr schnell zum „under-dog".

13

5. Kritische Distanz, Fluchtdistanz, Individualdistanz

Im Zusammenhang mit Wehrtrieb und Meideverhalten müssen die Begriffe kritische Distanz, Fluchtdistanz und Individualdistanz erklärt werden:

Jedes Tier, vor allem jeder größere Säuger, flieht vor einem überlegenen Gegner, sobald sich dieser über eine gewisse Entfernungsgrenze hinaus nähert. Die Fluchtdistanz, wie Professor HEDIGER, ihr Erforscher, diese Entfernungsgrenze nennt, wächst in dem Grade, in welchem ein Tier den betreffenden Gegner fürchtet. Die Fluchtdistanz ist also derjenige Mindestabstand, bis auf den ein artunterlegenes Tier den biologischen Feind an sich heranläßt, ohne zu fliehen.

Mit derselben Regelmäßigkeit und Voraussagbarkeit, mit der bei Unterschreitung der Fluchtdistanz ein Tier flieht, stellt es sich aber zum Kampf, wenn der Feind sich ihm auf eine ebenso bestimmte, viel kleinere Entfernung nähert. Naturgemäß kommt eine solche Unterschreitung der kritischen Distanz (HEDIGER) nur in drei Fällen vor: wenn der gefürchtete Feind das Tier überrascht, wenn das Tier in einer Sackgasse steckt und nicht fliehen kann oder bei der Verteidigung der Brut. Diese kritische Reaktion ist die heftigste Form des Kampfverhaltens, und sie ist stark von Furcht motiviert; sie ist eine „Flucht nach vorn" oder ein Angriff mit dem Mut der Verzweiflung.

Der Vollständigkeit halber sei hier noch die Individualdistanz genannt. Das ist derjenige Abstand, auf den ein Artgenosse den anderen an sich heranläßt. Sie ist oft ein Maß für den persönlichen Bekanntheitsgrad zweier Individuen oder für die Instinktstimmung und abhängig von letzterer. Daher ist sie zum Beispiel zeitweilig zwischen gegengeschlechtlichen Artgenossen geringer, für gleichgeschlechtliche größer. Während der Welpenaufzucht läßt manche Hündin nicht einmal ihren Herren an sich heran, besonders wenn sie die Jungen säugt. Auch bei sehr dominanten und selbstbewußten Hunden ist mitunter zu beobachten, daß sie „plumpe" Annäherungsversuche von Fremden durch Wehrreaktionen, meist mit warnendem Knurren, unterbinden.

Diese Tatsache führt jedoch schon weiter, sie ist eher mit dem Aggressionsverhalten als Ganzes zu erklären, denn der Wehrtrieb ist, wie gesagt, dem Funktionskreis des Aggressionsverhaltens untergeordnet.

C. Der Aggressionstrieb

Der Begriff Aggressionstrieb ist insofern umfassender, als daß er den reaktiven (Wehrtrieb) und den aktiven (Sozialaggressivität) Bereich aggressiven Verhaltens umfaßt. Ich möchte mich hier nicht eingehend mit den Aggressionstheorien befassen, denn die Meinungen darüber, ob es einen eigenständigen Aggressionstrieb gibt oder nicht, gehen teilweise noch auseinander. Die zur Frage der möglichen Spontaneität der Aggression vorliegenden Befunde erlauben bislang immer noch keine eindeutigen Rückschlüsse. Echte Leerlauf-Aggression, die ein Beweis für einen eigenständigen Aggressionstrieb wäre, konnte noch nicht nachgewiesen werden. Für eine gewisse Staubarkeit der Aggression sprechen dagegen viele Anzeichen. Die genetische Grundlage aggressiver Dispositionen kann allerdings als erwiesen gelten. Nur die Erklärung der Determinanten aggressiven Verhaltens wird auf drei verschiedene Arten vollzogen:

1. Das lernpsychologische Modell begründet die Aggression durch Lernprozesse in frühen Entwicklungsphasen. Aggression wird hier am Vorbild oder am Erfolg gelernt.
2. Das Frustrations-Aggressions-Modell neigt dazu, Aggression auf Entbehrungserlebnisse in anderen Triebbereichen zurückzuführen.
3. Die dritte Gruppe von Verhaltensforschern begründet Aggression in einem angeborenen Aggressionstrieb, nach dem Lorenz-Freudschen Triebmodell.

Alle diese Ansichten und Modelle basieren auf Beobachtungen und Experimenten, so daß man sich über die Einseitigkeit wundert, mit der die Vertreter der verschiedenen Modelle gegeneinander argumentieren. Aggression resultiert sicher aus allen drei aufgeführten Prozessen.

Zur ersten Position liefert TRUMLER ein Beispiel: „Ich weiß wohl, daß ein großer Teil der Fälle, in denen Hunde gegen ihresgleichen oder gegen Menschen aggressiv werden, in einer naturwidrig verlaufenden Jugendentwicklung begründet sind. Durch sie kann die Reizschwelle für Aggression so herabgesetzt werden, daß auch verhältnismäßig geringe Vorkommnisse zum Auslöser werden." Die Verhaltensforschung liefert aber auch Belege für das zweite Modell: Erhöhte Aggressivität, die bis zum Töten des Artgenossen führt, ist auch bei gefangen lebenden Tieren, bei Einzelhaltung, bei isolierter Aufzucht, bei Nahrungsknappheit, bei extrem hoher Populationsdichte und in anderen Streßsituationen beobachtet worden.

Und auch für die dritte Theorie gibt es Beobachtungen, die sie stützen: So hat man bei Hausmäusen verschiedene Inzuchtstämme mit unterschiedlicher Aggressionsbereitschaft herausgezüchtet. Hier ist die genetische Grundlage dieser Unterschiede sogar durch Vererbungsexperimente belegt: Kreuzt man Angehörige verschiedener Stämme miteinander, so liegt die Aggressivität der F_1-Nachkommen zwischen denen der Ausgangsstämme.

Wollen wir uns den Aggressionstrieb bei der Schutzhundausbildung zu Nutze machen, so interessiert uns weniger der theoretische Streit um seine Motivation, als vielmehr Kriterien wie Auslösbarkeit oder Schlüsselreiz, das Triebziel und somit die biologische Bedeutung, sowie Möglichkeiten der Trainierbarkeit und eventuelle Einflußgrößen.

Die Schlüsselreize zu reaktivem Aggressionsverhalten, d.h. zum Wehrtrieb, habe ich im vorigen Kapitel ausgiebig besprochen, ebenso die Triebziele und die Einflußgrößen. Aktives Aggressionsverhalten ist immer intraspezifische Aggression, d.h. soziale Aggressivität, und ausschließlich eine Folge von Konkurrenz, wobei der Bereich der Konkurrenzobjekte neben Teilen der unbelebten und belebten Umwelt (Wohngebiet, Schlupfwinkel, Paarungsplatz, Nahrung u.a.) auch Artgenossen, vor allem den Sexualpartner, umfaßt. Aktiviert wird intraspezifische Aggression durch Rivalen und Konkurrenten und durch „asoziales" oder „unfaires" Verhalten. Das Triebziel sozialer Aggression liegt im Flüchten, Ausweichen, in der Unterordnung und mitunter auch in der physischen Beschädigung oder im Töten des Konkurrenten.

Nun ist es aber keineswegs so, daß die Aggression zu einer gegenseitigen Ausrottung der Art führt, ihr biologischer Zweck kann gar nicht hoch genug anerkannt werden. In erster Linie wird durch sie gewährleistet, daß sich die Angehörigen einer Art annähernd gleichmäßig über den zur Verfügung stehenden Lebensraum verteilen und ihn damit optimal ausnutzen. Darüber hinaus kann sie dafür sorgen, daß beim Überschreiten der für die Beanspruchung des Lebensraumes höchstzulässigen Populationsdichte überzählige Individuen zum Abwandern gezwungen werden, bevor Nahrungsmangel die Population als Ganzes schwächt, und sie kann damit gleichzeitig die Besiedlung bisher unbewohnter Gebiete fördern. Mit dem durch sie erzwungenen Auseinanderrücken konkurrierender Artgenossen sichert Aggression die räumlichen Voraussetzungen für die Fortpflanzung und erschwert durch die „Ausdünnung" möglicherweise die Ausbreitung von Seuchen.

Schon Charles Darwin erkannte, daß sie der sexuellen Selektion dient, indem sie jeweils die stärksten und gesündesten Individuen zur Fortpflanzung ausliest, und sie kann bei sozial lebenden Arten über die Entwicklung einer Rangordnung die Führerrolle der erfahrensten Individuen sicherstellen. Damit die Vorteile der Aggression voll gewährleistet sind, haben sich bei vielen Tierarten Verhaltensweisen entwickelt, die ihre Nachteile weitgehend vermeiden. Hierzu gehören Droh- und Imponierverhalten, Demuts- und Beschwichtigungsgebärden, Territorialität, Individualdistanz und schließlich „die Erfindung" weitgehend ungefährlicher Kampfformen. Soviel zur Auslösbarkeit, zum Triebziel und zur biologischen Bedeutung, jetzt einiges über Trainierbarkeit und Einflußgrößen:

Eine gewisse Hilfsrolle für die Reifung angeborener Fähigkeiten spielt jeweils die Übungsmöglichkeit; aber allein durch Reifung wächst mit dem Alter und dem langen Innehaben eines hohen Ranges das „Selbstbewußtsein", d.h. die Siegessicherheit und mit ihr die Intensität der Aggression.

Soziale Aggression zählt darüber hinaus auch noch zu den trainierbaren Instinktmäßigkeiten. Man kann durch zeitgerechtes Training eine Steigerung oder Schwächung innerhalb gewisser Grenzen erzielen. Ganz allgemein führt das Ausleben aggressiver Neigungen zu einem Training aggressiven Verhaltens, wobei besonders Kampferfolge spätere Aggression steigern. Auch durch Schmerz (Stachelhalsband, Elektroschocks) kann Aggressivität erhöht werden, doch sind hier die Auswirkungen je nach der angewandten Dosis verschieden.

Die aggressive Handlungsbereitschaft ist Schwankungen unterworfen, die unter anderem hormonal bedingt sind. Das männliche Geschlechtshormon steigert die Aggressivität vieler Säuger zur Fortpflanzungszeit.

Die Schwellenwerte der aggressionsauslösenden Reize sind dort am niedrigsten, wo sich das Tier „am sichersten fühlt", d.h., wo seine Aggression am wenigsten durch Meideverhalten unterdrückt wird. Mit zunehmender Entfernung von diesem „Hauptquartier" nimmt die Kampfbereitschaft in gleichem Maße ab, wie die Umgebung für das Tier fremder und furchterregender wird. Diese Tatsache gilt also nicht nur für den Wehrtrieb, sondern auch für Sozialaggressivität.

Wichtig für den Helfer im Schutzdienst sind noch zwei weitere Einflußgrößen der Aggression: Persönliche Bekanntschaft setzt Aggressionshemmung und das sehr allgemeine Prinzip, daß das passive Hinnehmen von Aggression tief beeindruckt und verunsichert, denn Unbeeindruckbarkeit hinterläßt immer einen tiefen Eindruck.

Im Zusammenhang mit der Aggression möchte ich nun noch einige Worte über die verminderte Lernfähigkeit aggressiver Hunde verlieren. Wir wissen, daß Schutzhunde über Triebstärke und Ausbildungsstand verfügen sollen. Um dem Hund den geforderten Ausbildungsstand zu vermitteln, muß er eine Vielzahl von Lernprozessen absolvieren. Übermäßiger Streß, das ist zu starke nervliche Belastung, ist aber jeglicher Lernleistung hinderlich. Höchste nervliche Belastung erfährt ein Hund in Konfliktsituationen, die aber bei der Ausbildung nicht zu vermeiden sind. Nun gehen aber gerade Aggression und Angst mit hoher nervlicher Belastung einher. Provoziert man beides, nämlich Aggression und Angst, indem man den aggressiven Hund zum Beispiel beim Verbellen durch Härte ins Meideverhalten drängt, so gerät der Hund in einen Triebkonflikt mit höchster nervlicher Belastung, die ihn lernunfähig macht. Nur die weniger triebstarken und unsicheren Hunde lassen sich dort ins Meideverhalten drängen (das dabei auftretende Bellen ist keine gezielte oder gelernte Handlung, sondern nur eine Ersatzhandlung); die triebstarken und sicheren Hunde werden durch die Härte nur aggressiver und brechen immer wieder durch; manche geraten dabei sogar durch hormonale Beeinflussung in eine Art Trancezustand, der sie schmerzunempfindlich macht. Diese Tatsache kann man mitunter auch bei Beißereien besonders zwischen Hündinnen feststellen: Schläge stacheln sie höchstens noch auf, denn Härte wirkt, wie ich eingangs schon betonte, mitunter aggressionsfördernd.

Soll der Hund Lernprozesse absolvieren, bei denen Meideverhalten eine gewisse Rolle spielt, ist der Aggressionstrieb eine denkbar schlechte Motivation: erstens ist die Lernfähigkeit eingeschränkt oder gar ausgeschaltet, und zweitens wird der Hund garantiert in seinem Selbstbewußtsein gestört.

D. Der Kampftrieb

Die Frage, ob es einen eigenständigen Kampftrieb gibt, ist längst nicht geklärt. Manche Hundefachleute meinen, daß ein besonderer Kampftrieb existieren müsse, der angeblich dem Spieltrieb nahestünde. Ich bin der Ansicht, daß der Begriff Kampftrieb ein Wortbastard ist. Der Begriff Trieb beschreibt eine Erbkoordination, die der Erhaltung des Lebens und der Art dient. Ein Trieb zu kämpfen impliziert ein Bestreben, den Gegner zu beschädigen oder zu vernichten und die Gefahr, sich selbst zu beschädigen. Selbst beim Aggressionstrieb liegt die arterhaltende Funktion auf der Hand, Beschädigungskämpfe sind durch Rituale unterbunden. Außerdem sieht man aus der Tatsache, daß viele „Turnierkämpfe" bis zu ihrer Entscheidung einen wesentlich höheren Kraftaufwand und Zeit erfordern, als die verletzenden und tötenden interspezifischen Kampfweisen (wie zum Beispiel beim Beutemachen), wie stark der Selektionsdruck sein muß, dem die Entwicklung nicht verletzender Kampfformen unterliegt.

Trotzdem glaube ich, daß der Begriff Kampftrieb für uns eine sehr brauchbare Beschreibung für ein gewünschtes Verhalten beim Hund ist. Wir suchen den Hund, der Spaß daran hat, mit dem Helfer zu kämpfen. Spaß am Kampf mit dem Helfer kann aber nur der Hund haben, der relativ unbelastet sich mit dem Helfer auseinandersetzt und nicht ständig gegen den Helfer um sein Leben kämpft. Insofern bin ich auch der Ansicht, daß das, was wir mit Kampftrieb bezeichnen, aus dem Spieltrieb resultiert.

Wollen wir den Kampftrieb des Hundes fördern, d. h., wollen wir den Hund dahingehend beeinflussen, daß er spontan den Kampf mit dem Helfer sucht, so müssen wir wissen, welche Qualitäten es sind, die den guten Kampftrieb ausmachen. Aus der Praxis weiß ich, daß Hunde, die allein aus dem Wehrtrieb heraus den Schutzdienst absolvieren, längst noch keinen guten Kampftrieb haben. Ich habe schon wiederholt selbst Hunde auf Prüfungen figuriert, die im Schutzdienst durchgefallen sind, weil sie beim Verbellen und der anschließenden Flucht keine Veranlassung sahen, den Kampf mit dem Helfer aufzunehmen, die aber bei Bedrohungen selbstsicher Wehrtrieb zeigten und hart bissen. Die Hundeführer waren dann meist ratlos, zumal den Hunden schon wiederholt ausgeprägter Kampftrieb attestiert worden war. Aufgrund der Tatsache, daß ich bewußt Wehrreize (= Hilfen) unterließ, zeigten die Hunde, daß ihnen die Spontaneität, den Kampf zu suchen, fehlte. Dies ist aber meines Erachtens ein ganz wesentlicher Bestandteil des Kampftriebes.

Warum entwickeln aber manche Hunde diese Spontaneität? Bei allen Hunden, denen ich einen ausgeprägten Kampftrieb unterstelle, habe ich einen ausgeprägten Beutetrieb feststellen können. Ich glaube, daß dies ein ganz wesentlicher Bestandteil des Kampftriebes ist. Beutemachen ist eine lustbetonte Instinkthandlung, die den Hund nicht in seiner Existenz bedroht, und insofern keine Belastung darstellt, die ihn zum Meideverhalten veranlassen kann.

Beutetrieb allein ist sicher auch nicht gleich Kampftrieb. Der erfolgreiche Einsatz von Wehrverhalten seitens des Hundes ist der zweite Bestandteil des Kampftriebes.

Das Wesentliche jedoch, was Kampftrieb ausmacht, ist der aktive Bestandteil des Aggressionstriebes, also soziale Aggressivität. Der Hund muß also in dem Helfer den Konkurrenten sehen. Das Konkurrenzobjekt kann verschieden sein: Es kann die Beute sein, deshalb ist wohl auch bei allen kampftriebstarken Hunden ein ausgeprägter Beutetrieb tragend, oder es können soziale Motivationen vorliegen, d. h., der Hund muß dominant sein und sich einen Helfer unterordnen wollen, weil jener immer wieder als Bedroher auftritt.

Um also Kampftrieb beim Hund zu fördern, muß der Hund erstens im Beutetrieb gefördert werden, und zweitens muß er im Wehrtrieb gefördert werden, d. h., er muß einerseits lernen, wie er die Beute erkämpfen und verteidigen kann, und andererseits, wie er sich gegen den Helfer verteidigen kann. Drittens muß er erfahren, daß er sich den Helfer unterzuordnen vermag, d. h., daß er ihn einschüchtern kann.

Aufgrund der letztgenannten Kriterien ist auch ersichtlich, weshalb ein jähriger Hund noch keinen voll entwickelten Kampftrieb haben kann, denn ich erwähnte schon, daß sowohl der Wehrtrieb als auch der spontane Bestandteil des Aggressionstriebes erst spät ausreifen, denn Selbstbewußtsein entwickelt sich erst im Laufe des Erwachsenwerdens, ist aber eine unabdingbare Voraussetzung für den Kampftrieb.

II. Ethologische Grundbegriffe und -gesetze

Bevor ich die Triebförderung und die Ausbildung beschreibe, glaube ich, ist es nötig, erstens einige Gesetze und Begriffe der Verhaltensforschung zu erläutern und zweitens die Lerngesetze für Hunde zu erklären.

A. Appetenz, Schlüsselreiz, Instinkthandlung, Endhandlung, Triebziel

Die Verhaltensweise, mit der ein Tier, ohne vorherige Erfahrung machen zu müssen, mit seiner Umwelt in Beziehung tritt, nennt man Instinkthandlung. Damit sie ablaufen kann, müssen normalerweise zwei Vorbedingungen erfüllt sein: Das Tier muß erstens die erforderliche Triebstimmung, Verhaltensbereitschaft (Motivation) oder *spezifische Appetenz* haben. Sie wird von gewissen Lebensvorgängen in den Gehirnzellen und der Zusammenarbeit mehrere Hormondrüsen und anderen Körpervorgängen (Innenreizen, zum Beispiel Hunger bei leerem Magen) bestimmt. Dazu sind Tieren physiologische Maschinerien angeboren, die als Antriebsmechanismen wirken: Sie warten nicht passiv auf Ereigisse, sondern suchen in jeweils verschiedener „Stimmung" nach Reizsituationen, die den Ablauf bestimmter Verhaltensweisen erlauben. – Zweitens muß ein Schlüsselreiz die Instinkthandlung auslösen.

Die Instinkthandlung wird meist durch eine einfache und kurze, vielfach sehr starre und unveränderliche „Endhandlung" abgeschlossen. Endhandlungen wirken im Gegensatz zu Appetenzhandlungen triebverzehrend bzw. triebbefriedigend und spannungslösend. Mit dem Ablauf der Endhandlung ist das „biologische Ziel", das Triebziel einer ganzen Verhaltensfolge erreicht. Die nächste Fälligkeit kann in sehr verschieden langen Zeitabständen eintreten.

Ein Beispiel: Es kann vorkommen, daß ein Tier in der Triebstimmung (die ja durch innere Erregungsvorgänge bewirkt wird) zu einer bestimmten Handlung erregt ist, die Handlung aber nicht ausführen kann, weil die geeigneten Schlüsselreize aus der Umwelt fehlen: ein Stubenhund wird auf die Gasse geführt, um sich zu entleeren. Er spürt den starken Drang, sich zu lösen, trotzdem sucht er herum und beschnüffelt Ecken (Appetenzhandlung). Erst die Wahrnehmung des Duftes von schon früher an einem Orte abgesetzten Urins bietet ihm den für diese Körperausscheidungshandlung notwendigen Schlüsselreiz, um die charakteristische Harnabsatzstellung unter gleichzeitigem Öffnen des Schließmuskels ausführen zu können. Dieses Suchen nach den nötigen Reizen, um das Triebziel verwirklichen zu können, ist als Appetenzverhalten zu betrachten.

Appetenzverhalten ist am sichersten bei möglichst unbefriedigtem Trieb zu erwarten.

Gelernt wird nur in der Appetenzphase einer Instinkthandlung. Eine einmal im Ablauf befindliche Endhandlung ist durch Störreize nicht mehr, respektive nur ausnahmsweise aufzuhalten.

B. Leerlaufreaktion, Intentionsbewegung

Ist eine Triebstimmung, also die innere Reizstauung, übermäßig stark und fehlt der nötige spezifische Schlüsselreiz, dann kann es auch ohne einen solchen oder auf nur ähnliche Reize hin zum spontanen Abrollen einer Instinkthandlung kommen. Man bezeichnet diesen Vorgang als Leerlaufhandlung; sie soll das Nervensystem vor Schäden durch unerträgliche Reizstauung bewahren. Das Gegenteil der Leerlaufreaktion ist die Intensionsbewegung: Die Triebstimmung als Antrieb reicht nicht aus, auf einen Schlüsselreiz hin eine ganze Handlungskette zum Abrollen zu bringen, es bleibt bei einer Andeutung, bei einem Bewegungsansatz. Bei noch geringerer Triebstimmung wird auf einen Schlüsselreiz überhaupt nicht reagiert.

C. Konfliktverhalten

Normalerweise entscheiden Außensituation und Triebstimmung eindeutig, welche Verhaltensweise zu einem gegebenen Zeitpunkt abgerufen wird. Gelegentlich kann es jedoch vorkommen, daß zwei miteinander nicht vereinbare Verhaltenstendenzen gleichzeitig und annähernd gleichstark aktiviert und damit abrufbar sind, und keine von ihnen eindeutig vorherrscht. In diesem Fall kann es zu Konfliktsituationen kommen, die sich im wesentlichen auf dreierlei Weise äußern: durch ambivalentes Verhalten, umorientiertes Verhalten oder Übersprungbewegungen. Eine derartige gegenseitige Hemmung ist aus vielen Verhaltensbereichen bekannt. Besonders häufig tritt sie zwischen Anteilen verschiedener Funktionskreise auf. Sehr ausgeprägt ist sie im agonistischen Bereich zwischen Elementen des Aggressions- und Meideverhaltens. Hier sind häufig typische Ersatzhandlungen zu beobachten; so zeigen Hunde, die beim Verbellen mit viel Härte ins Meideverhalten gedrängt worden sind, am Versteck typische Ersatzhandlungen wie Drohen (Imponieren), Bellen, Markieren, Scharren, Gähnen usw. Alle erwähnten Reaktionsformen haben den gleichen Effekt: Sie führen zu einer Entspannung der Situation, zu einer Lösung des Konfliktes. Das Verhaltensgleichgewicht soll wiederhergestellt werden, indem die aufgestauten Triebenergien anderweitig abreagiert werden.

Ambivalente Bewegungen sind eine Kombination mehrerer, den unvereinbaren Trieben entsprechender Verhaltenselemente, meist die gleichzeitige Kombination ihrer Intentionsbewegungen, manchmal in Form bestimmter Körperhaltungen oder deren kurzzeitiger Aufeinanderfolge, meist regellos wiederholt. So lassen sich im Drohverhalten der Hunde unschwer Anteile sowohl aus dem Meide- als auch aus dem Angriffsverhalten erkennen (siehe Seite 12).

Die umorientierte Bewegung ist auch eine Ersatzhandlung, die vor allem im Widerstreit zwischen Angriffs- und Meideverhalten zu beobachten ist. Die Verhaltensweise läuft ab, ihre Orientierung ist jedoch in Richtung auf ein Ausweichobjekt verändert. Wird beispielsweise ein Tier von einem ranghöheren Artgenossen bedroht oder angegriffen, so richtet es seine Gegenreaktion häufig nicht auf den Angreifer selbst, sondern reagiert sie an einem rangtieferen Artgenossen ab. Diese Verhaltensweise ist wahrscheinlich auch dafür verantwortlich, daß Härte vom Hundeführer manchen Hund gegen den Helfer aggressiver werden läßt, denn ich erwähnte schon bei den Ausführungen über das Aggressionsverhalten, daß bisweilen Stachelhalsband oder Elektroschock aggressionsfördernd wirken. Auch aus eigener Erfahrung kann ich von einem Hund berichten, der sehr aggressiv gegen den Helfer wird, wenn sein Hundeführer ihn beim schweren Auslassen in der Halskrause schüttelt. – Eine andere Form der umorientierten Bewegung bei der gleichen Konfliktsituation ist das Beißen in die Versteckbretter, das manche „abgeschlagenen" Hunde beim Verbellen zeigen.

Schließlich gibt es noch Konfliktsituationen, in denen die „erwarteten", d. h. der Situation angemessenen Verhaltensweisen überhaupt nicht auftreten, sondern ein anderes, in diesem Zusammenhang völlig „unsinniges" Verhalten in Erscheinung tritt. Dieses Übersprungsverhalten tritt immer dann auf, wenn zwei nicht miteinander vereinbare Verhaltenstendenzen gleichzeitig und etwa gleichstark aktiviert sind und sich daher gegenseitig unter Hemmung setzen. Zum Durchbruch gelangt nunmehr eine dritte ebenfalls – wenn auch schwächer – vorhandene Verhaltenstendenz, die zuvor unter Hemmung stand. Meist erscheinen Verhaltensweisen, die ständig aktiviert sind, wie Bewegungen der Nahrungsaufnahme, der Körperpflege, der Brutpflege und auch Handlungen des Aggressions- und Meideverhaltens sind beobachtbar. Typische Anzeichen einer bestehenden Konfliktsituation sind: vermehrtes Gähnen in unpassenden Situationen, Zittern, Speicheln, sinnloses Hin- und Herspringen, Scharren am Boden oder an Wänden, Winseln, Kotabsatz, Erbrechen; viele Hunde heben wiederholte Male das Hinterbein zum Spritzharnen oder legen sich in ungewöhnlichen und unbequemen Stellungen hin, als wollten sie schlafen. Sie können auch allerlei unvollständige Instinktbewegungen zeigen (Intentionsbewegungen), die gar nicht in die Situation passen. Bekannt ist auch das übertriebene, besonders häufige Kratzen und Sichschütteln sowie Pfotenbelecken als Erregungsableitung in Verlegenheitssituationen. Manche Hunde reagieren auch Erregungen durch Wasser- oder Futteraufnahme ab.

Jede Konfliktsituation stellt eine hohe nervliche Belastung für den Hund dar. Manche Hunde ertragen ein höheres Maß, andere erfahren früher Schädigungen der Nerven und/oder des Organismus. Über diese Schädigungen will ich hier berichten, weil ich sie schon an vielen Hunden beobachtet habe, die nach der herkömmlichen Schutzhundausbildung, d. h. im Schutzdienst allein über den Wehrtrieb, gearbeitet wurden. Ich erwähnte eingangs schon, daß gerade der Konflikt zwischen Aggressions- und Meideverhalten einer der am häufigsten vorkommenden ist. Soll nun ein Hund, der über den Wehrtrieb zum Beißen gebracht worden ist, ausgebildet werden, so wird laufend mit dieser Konfliktsituation herumgewirtschaftet. Bei länger anhaltenden, unbiologischen Konfliktsituationen kommt es aber zu nervlichen Überreizungserscheinungen, die in Überängstlichkeit, sozialen Kontaktstörungen, Impotenz und sexuellen Kontaktstörungen, Neigung zu Stereotypien (Hin- und Herlaufen der Zootiere vor dem Gitter), Stubenunreinheit, Bösartigkeit u. a. als dauernde neurotische Fehleinstellungen das ganze weitere Leben hindurch hartnäckig bestehen bleiben können. Hunde mit derartigen Verhaltensstörungen werden gerade von Hundesportlern häufig gründlich verkannt und als gute Schutzhunde geschätzt.

Die nervliche Schädigung ist dabei noch nicht einmal das Endstadium. Manchmal sind als psychoreaktive Überreizungserscheinungen vegetativer Art auch Organneurosen beobachtbar. „Diese psychosomatischen Störungen dürften in der Praxis viel häufiger vorkommen, als sie tatsächlich diagnostiziert werden." (Brunner) Die wesentlichen Organstörungen äußern sich in: Störungen des Verdauungsapparates, des Kreislaufes, des Atmungsapparates, des Harn- und Geschlechtsapparates.

Der Zeitfaktor spielt dabei häufig eine wesentliche Rolle, während kurzdauernde psychische Belastungen nur zu vorübergehenden Funktionsstörungen führen, können länger dauernde zu chronischen Erkrankungen mit anatomisch feststellbaren Organschäden führen.

Ich sage dieses im wesentlichen für jene Leute, deren Hunde immer ein stumpfes Fell oder eine klapprige Erscheinung haben. Vielen ist auch schon vom Tierarzt Fehlfunktion der Bauchspeicheldrüse, Ekzeme, Wundheilungsverzögerung, Anfälligkeit gegen Infektionen, schnelles Ergrauen, Verspannungen und Schmerzempfindung in Muskeln und Gelenken und vieles mehr attestiert worden. Diese „Hundeliebhaber" geben dann meist einen Haufen Geld für Medikamente aus, statt ihre Ausbildungsmethoden zu „humanisieren" und dem Hund ein hundliches Dasein zu gewährleisten. Mir selbst fiel es wie Schuppen von den Augen, als ich diesen Sachverhalt erfuhr. Auch ich hatte beim „Trieb-hochjubeln" schon manchen Hund in der nervlichen Belastbarkeit dermaßen überzogen, daß er vom Tierarzt eine Fehlfunktion der Bauchspeicheldrüse diagnostiziert bekam. Heute dosiere ich die Wehrtriebförderung jedem Hund individuell und nicht zu häufig sehr massiv und glaube, daß es den Hunden gut bekommt, denn so werden schädliche Überlastungen, aber auch Unterforderungen vermieden.

Um es noch einmal ganz deutlich zu sagen: Zwangseinwirkungen durch Helfer und/oder Hundeführer und Wehrverhalten (Wehrtriebförderung) miteinander gekoppelt, stellen für den Hund eine extreme Nervenbelastung dar, an der schon mancher Hund eines ehrgeizigen Hundesportlers zugrundegegangen ist.

D. Reizsummation

Für viele Verhaltensweisen gibt es nicht nur einen einzigen auslösenden Reiz, sondern mehrere, die entweder für sich allein oder gemeinsam die betreffende Bewegung in Gang setzen können. In diesem Fall können sich die Reize in ihrer Wirkung gegenseitig fördern. Das Phänomen der wechselseitigen Verstärkung ist allerdings nicht auf verschiedenartige Reize beschränkt. Vielmehr kann auch derselbe Reiz, wenn er entweder vom selben Sender mehrfach nacheinander oder von verschiedenen Sendern gleichzeitig geboten wird, in seiner Wirkung entsprechend verstärkt werden. Insgesamt setzt sich also der Gesamtreizwert einer Situation aus den Auslösewerten aller beteiligten Einzelreize zusammen, die sich in Grenzen vertreten können. Dies soll nicht heißen, daß sich die einzelnen Reize in ihrer Wirkung einfach summieren, vielmehr ist es so, daß sie sich im allgemeinen nur gegenseitig fördern, ohne daß der Gesamtreizwert einer Situation tatsächlich genau der Summe der Einzelreize entspricht. Es handelt sich also um eine wechselseitige Reizverstärkung.

Mit den Appetenzen verhält es sich ähnlich. Wir sahen bei der Betrachtung des Konfliktverhaltens, daß sich Triebstimmungen gegenseitig hemmen können; nun ist es aber in Wirklichkeit so, daß sich zwei unabhängig voneinander veränderliche Antriebe in allen nur denkbaren Wechselbeziehungen überlagern können. Zwei können einander unterstützen und sie können sich, ohne im übrigen miteinander in Beziehung zu treten, summativ in einer und derselben Verhaltensweise überlagern. Ein Trieb kann also tatsächlich angetrieben werden.

Für die Schutzdienstausbildung ergeben sich aus diesen Gesetzen wichtige Erkenntnisse:

Will ich einen Hund zu stärkerem Beuteverhalten antreiben, kann ich den Beutereiz wiederholt hintereinander setzen. Zum anderen ergibt sich für die Ausbildung als Ganzes, daß ich den Hund optimal zum Beißen fördere, wenn ich alle Triebmäßigkeiten, die ihn dazu veranlassen, anspreche, d.h., der Hund muß im Beutetrieb, im Wehrtrieb und im Aggressionstrieb gefördert werden. Die logische Folgerung für die Triebförderung ist also die, daß der Helfer letztendlich bei einem fertig ausgebildeten Hund allein durch sein Auftreten einen Beutereiz, einen Wehrreiz und einen Sozialaggressivität auslösenden Reiz darstellen muß. Inwieweit und zu welcher Zeit dies zweckmäßigerweise ausgebildet wird, soll später erklärt werden.

E. Aktionsspezifische- und reizspezifische Ermüdung

Ganz so einfach, wie das Reizen eines Hundes im Vorangegangenen beschrieben worden ist, ist es nun aber leider doch nicht, denn auch hier gibt es einen Gegenspieler, die Ermüdung.

Manche Verhaltensweisen sind schon nach ihrem letzten Auftreten wieder voll auslösbar, während bei anderen hierfür ein längerer Zeitabstand erforderlich ist. Diese aktionsspezifische Ermüdung bezieht sich also jeweils auf eine ganz bestimmte Handlung. Die Unterschiede stehen mit den Anforderungen an die betreffende Verhaltensweise im Zusammenhang. Während sexuelles Verhalten oder Handlungen des Funktionskreises der Nahrungsaufnahme (Beutetrieb) zur Erfüllung ihrer Funktion nur in Abständen aufzutreten brauchen, müssen Meide- und Wehrverhalten ständig abrufbar sein.

Eine andere Form der Ermüdung ist die reizspezifische Ermüdung. Es handelt sich dabei um die Abnahme der Antwortbereitschaft auf einen bestimmten Reiz. Wird einem Raubtier wiederholt hintereinander ein Beutetier gegeben, so tötet es dies die ersten Male, während es nach einigen Versuchen nicht mehr auf den Reiz anspricht. Daß es sich hierbei nicht um körperliche, d. h. aktionsspezifische Ermüdung handelt, geht aus der Tatsache hervor, daß es durch einen anderen Reiz unter Umständen wieder hervorgerufen werden kann. Interessant ist auch die Tatsache, daß eine reizspezifische Ermüdung auch dann eintreten kann, wenn die zugehörige Verhaltensweise nicht ein einziges Mal aufgetreten ist. Deshalb dulde ich es auch nicht, wenn ein Hund, der ausschließlich Beutetriebförderung erfahren soll, schon lange vor oder nach der Triebförderung neben dem Helfer herumsteht, während sich der Hundeführer mit diesem unterhält, denn wie gesagt, soll der Helfer zum Schlüsselreiz für Beuteverhalten werden. Bei der Wehrtriebförderung verhält sich dies etwas anders, denn dabei muß der Hund unter anderem lernen, daß er sich nur wehrt, wenn er vom Helfer angegriffen wird.

III. Lerngesetze für Hunde

Lernen umfaßt alle Prozesse, durch die sich ein Hund an seine Umwelt anpaßt (Verhaltensänderungsprozesse), und die nicht auf ererbten Mechanismen, auf Reifung oder Ermüdung zurückgeführt werden können. So hat z.B. ein Hund, der nach einer halben Stunde des Abschlagens endlich verbellt, nichts gelernt.

Ein Hund ist zu zwei simplen Lernarten fähig. Er kann Gefühle, d.h. Triebstimmungen und unwillkürliche Reaktionen lernen (Klassische Konditionierung), und er kann einfache Fertigkeiten erlernen (Instrumentelle Konditionierung).

A. Klassische Konditionierung

Die klassische Konditionierung beschreibt eine Lernart, bei der Gefühle und unwillkürliche Reaktionen gelernt werden. Wird ein neutraler Reiz (Hörzeichen „So ist brav") mit einem angenehmen/unangenehmen Wertreiz (Loben, Tätscheln) gekoppelt, übernimmt dieser schließlich die Qualität des Wertreizes.

Wenn ein Hund aufgrund der Worte „so ist brav" mit der Rute wedelt, dann drückt er dadurch seine Freude aus; nicht weil er die Worte versteht, sondern weil er etwas gelernt hat. Er hat gelernt, sich über diese Worte zu freuen, weil sie anfangs ständig mit Streicheln verbunden waren, und dies ihm eine Triebbefriedigung im Rahmen des Sozial- und Pflegeverhaltens bereitete. Wenn er sich jetzt über die Worte allein freut, dann deshalb, weil er durch diese Worte jene Triebbefriedigung erfährt. Er hat also gelernt, die ursprüngliche Einwirkung (Streicheln) mit der stellvertretenden Einwirkung („so ist brav") gleichzusetzen. Auf die gleiche Weise wird die Angst vor dem Übungsplatz mancher Hunde, die Arbeitsfreude, die Arbeitsunlust und Triebstimmungen zum Beispiel bei Schutzdienstsituationen gelernt.

Dieses Lerngesetz hat der russische Mediziner und Verhaltensforscher Pawlow an folgendem Experiment herausgefunden: Kurz nach einem Glockenzeichen bekommt ein Hund Futter. Schon nach wenigen Versuchen läuft dem Tier nicht erst beim Anblick des Futterbrockens das Wasser im Maul zusammen, sondern schon beim Ertönen der Glocke. Der vorher bedeutungslose Ton löst jetzt schon allein die Speichelabsonderung aus. Pawlow nannte dieses Verhalten „bedingten Reflex".

Die klassische Konditionierung beschreibt also ein Lernen durch Veränderung der ursprünglichen Reizbedingungen, d.h. ein Lernen von bedingten Reflexen, wie Gefühlen und unwillkürlichen Reaktionen. Durch diese Lernart kann der Helfer im Schutzdienst zum Schlüsselreiz für Beute-, Wehr- oder Aggressionsverhalten werden.

B. Instrumentelle Konditionierung

Einfache Fertigkeiten werden nach den Gesetzen der instrumentellen Konditionierung gelernt. Wenn wir uns also mit der Ausbildung (Verbellen, Ausübung usw.) befassen, müssen wir diese Lerngesetze anwenden. Sie besagen:

1. Verstärkungen = Bestätigungen führen dazu, daß ein zunächst zufälliges, spontanes oder manipuliertes Verhalten sehr viel häufiger auftritt, d.h. gelernt wird.
2. Nicht verstärkte Verhaltensweisen treten im Laufe der Zeit immer seltener auf und verschwinden schließlich.

Erarbeitet wurden diese Lerngesetze von einem amerikanischen Psychologen namens Thorndike. Er sperrte eine hungrige Katze in einen Käfig und füllte dann, so daß die Katze es sehen und riechen aber nicht erreichen konnte, ihren Freßnapf mit den herrlichsten Leckerbissen. Unruhig lief die Katze auf und ab. Immer wieder spähte sie hungrig zum Freßnapf herüber. Sie versuchte den Kopf zwischen den Holzlatten hindurchzuschieben, vergeblich. Sie versuchte mit der Pfote nach dem Futter zu angeln. Auch das gelang nicht. Enttäuscht und wütend schlug sie die Krallen in die Käfigwand. Aber der Hunger blieb. Und so bewegte sich die Katze unruhig im Käfig hin und her, bis sie zufällig auf einen Hebel trat. Über eine Seilverbindung löste sich die Verriegelung einer Klapptür. Plötzlich war der Weg zum Freßnapf frei. Je häufiger Thorndike nun dieselbe Katze in seinen „Problem-Käfig" steckte, um so weniger Zeit brauchte sie, um den Mechanismus nun zu betätigen. Am Schluß ging sie zielstrebig darauf zu und trat mit einer Vorderpfote kräftig auf den Hebel.

Genau nach diesem Lerngesetz kann der Hund das Verbellen lernen. Der Beutetrieb des Hundes wird gereizt, und der Hund bekommt die Beute als Verstärkung erst, wenn er gebellt hat.

Um dieses Lerngesetz erfolgreich anwenden zu können, müssen wir wissen, daß der Hund als Verstärkung immer das Erreichen eines Triebzieles empfindet. Folgende Funktionskreise bieten sich an, um den Hund durch Erreichen des Triebzieles zu verstärken:

1. Beuteverhalten
2. Nahrungsaufnahmeverhalten
3. Sexualverhalten, Mutterverhalten
4. Sozial- und Pflegeverhalten (Meutetrieb)
5. Meideverhalten
6. Wehr- und Aggressionsverhalten

Dazu nun einige Beispiele:

Will man dem Hund beibringen, vor einem Stöckchen zu verbellen, so reizt man mit dem Stöckchen den Beutetrieb des Hundes und blockiert solange die Endhandlung, bis der Hund das Bellen zeigt. Dann kann der Hund das Triebziel: Zufassen, Schütteln und Wegtragen ausführen. Diese Endhandlung verstärkt sein Verhalten, und er wird bei gleichen Situationen immer schneller und drängender das Bellen zeigen. Voraussetzung für diesen Lernakt ist, wie gesagt, eine Beuteappetenz und der Schlüsselreiz. Je stärker die Motivation, d. h. je intensiver die Appetenz und je reizstärker der Schlüsselreiz ist, desto schneller wird gelernt.

Eine Ausbildung über die Triebbefriedigung im Funktionskreis des Nahrungsaufnahmeverhaltens haben schon alle jene praktiziert, die „Fleischfährten" geübt haben oder die ihrem Hund Futter geben, wenn er apportiert hat usw. Viele wenden hierbei aber dieses Lerngesetz nicht in der richtigen Weise an und setzen die Verstärkung zu früh ab, oder sie sorgen nicht, indem sie die Hunde lange genug hungern lassen, für die notwendige Appetenz.

Wie stark das Sexualverhalten motivieren kann, werden alle jene wissen, die schon beobachtet haben, mit welcher Rafinesse Rüden es schaffen, zu einer läufigen Hündin zu gelangen.

Eine Ausbildung über die Triebbefriedigung im Funktionskreis des Sozial- und Pflegeverhaltens wird auch häufig betrieben. Wenn ein Hund eine gewünschte Verhaltensweise zeigt, wird er gelobt und getätschelt, was ihm in diesem Funktionskreis eine Triebbefriedigung darstellt. Auch hier kann der „Fehler" gemacht werden, daß die Appetenz zu gering gehalten wird, weil der Hund ständig getätschelt und gelobt wird und er sich über das Lob schon gar nicht mehr freut. Mancher Hund hat allerdings auch solch ein schlechtes Verhältnis zu seinem Herren, daß er sich von ihm gar nicht durch solches Verhalten verstärkt fühlt. Ich selbst habe schon oft die Erfahrung gemacht, daß mein Hund wesentlich schneller beim Apportieren zurückkommt, wenn er vorher in „Ungnade" gefallen war. Dann beeilt er sich nämlich, um möglichst schnell wieder „gut Wetter" zu schaffen und sein „so ist brav" abzuholen.

Das Meideverhalten ist nicht zuletzt deshalb die am meisten genutzte Motivation, dem Hund zum Beispiel die Unterordnungsübungen beizubringen, weil es ständig aktivierbar ist. Schon KONRAD MOST beschreibt sehr gut, wie bei der Zwangsabrichtung zu verfahren ist: Der Hund erfährt Zwang solange, bis er das erwünschte Verhalten zeigt, dann bekommt er die Triebbefriedigung im Funktionskreis des Meideverhaltens. Leider ist es aber so, daß dabei nach dem Lerngesetz der klassischen Konditionierung meist der Hundeführer oder die Situation oder auch das Gelände zum auslösenden Reiz für Angst vor Zwangseinwirkung und damit verbunden für eine chronische Verstimmtheit in der Ausbildungssituation (= Arbeitsunlust) wird. Trotzdem glaube ich, daß dem Hund keine Übung sicher beizubringen ist, wenn nicht irgendwann auch einmal das Meideverhalten als Verstärkung eingesetzt wird, d. h. keine Ausbildung ganz ohne Zwang. Der geschickte Ausbilder weiß jedoch den Zwang richtig zu dosieren und gezielt einzusetzen.

Auch das Wehr- und Aggressionsverhalten kann Motivation zum Lernen darstellen. Ich erklärte oben schon, daß Kampferfolge stimulierend wirken, und manche Verhaltensforscher gehen ja auch vom lerntheoretischen Aggressionsmodell aus, nach dem Aggression am Erfolg, d. h. durch Verstärkung gelernt wird.

Wir haben also eine Vielzahl von Möglichkeiten, den Hund zu einem Verhalten zu motivieren. So kann der Hund beispielsweise über den Funktionskreis des Beuteverhaltens, des Nahrungsaufnahmeverhaltens, des Sozial- und Pflegeverhaltens oder des Meideverhaltens (Zwangsapport) das Apportieren lernen. Wichtig ist dabei nur, daß der Ausbilder die richtige Appetenz, den richtigen Schlüsselreiz und das richtige Triebziel als Verstärkung anbietet. Die Frage, welche Methode also die richtige ist, ist nicht zu beantworten, am besten schaut man, worauf der Hund am ehesten anspricht. Das gleiche gilt auch für die Frage, welche Methode der Fährtenausbildung die beste ist. Wenn man sich an dieser Stelle das Phänomen der Reizsummation ins Gedächtnis ruft, kommt man zwangsläufig zu der Ansicht, daß man mehrere Motivationen und Verstärkungen gleichzeitig ausnutzen sollte. – Ich glaube, daß derjenige, der einige Zeit über diese Zeilen nachdenkt, sich neue Strategien für die Ausbildung ausdenken kann.

ZWEITER TEIL

Ich bilde mir nicht ein, daß ich in der Lage bin, die ausbilderischen Maßnahmen in der Art zu schildern, daß jeder nach dieser Lektüre einen Hund auszubilden vermag; dies ist, glaube ich, eine Sache des Fleißes in der praktischen Übung und Erfahrung. Aber die einzelnen Ausbildungsabschnitte möchte ich hier verdeutlichen. Weiterhin muß ich vorausschicken, daß die Gliederung der folgenden Ausführungen nicht der Reihenfolge des praktischen Vorgehens entspricht. Sie kann nur Anhaltspunkt sein, denn die praktischen Maßnahmen müssen auf jeden Hund neu abgestimmt werden. Aber gerade das Finden des richtigen Verhältnisses der einzelnen Triebförderungen und ausbilderischen Maßnahmen macht die Hundeausbildung interessant und sichert den Erfolg.

I. Beutetriebförderung

Die Beutetriebförderung soll bereits bei einem vierteljährigen Hund beginnen. Das Ziel dieser Förderung soll sein, daß der Hund den Hetzärmel als seine Beute ansieht, und er, sobald ihm die Möglichkeit dazu gegeben wird, sich der Beute zu bemächtigen, diese durch festes Zufassen an sich zu reißen versucht. Der Beutetrieb unterliegt der reiz- und der aktionsspezifischen Ermüdung und soll deshalb nicht zu häufig beansprucht werden. Wöchentlich etwa einmaliges Arbeiten reicht bei jungen Hunden völlig aus, in der Zahnung sollte diese Triebförderung ganz unterbleiben. Die Übungshäufigkeit kann aber je nach Eigenart des Hundes von dieser Empfehlung beträchtlich nach oben und unten abweichen.

A. Motivation schaffen durch Reizen und Streitigmachen

Erstes Ziel: Der Hund soll die Sackrolle oder den Lappen durch Zubeißen an sich reißen und vom Platz tragen.

Beutetriebförderung

Erste Phase:
Der kleine Hund ist konstitutionell noch nicht in der Lage, eine Beute in der Größe eines Hetzärmels zu machen. Als Beute findet ein Stück Lappen oder die Hetzrolle Verwendung. Der Hundeführer hält seinen Hund an der Leine und verstärkt durch Lob das Beutemachen. Der Lappen wird zum Beutereiz, indem der Helfer ihn in ein zappelndes Etwas verwandelt, das panikartig fliehen will. Ein normal veranlagter Hund wird danach schnappen. Sobald er dies getan hat, hat er Beute gemacht, der Lappen gehört ihm, und der Hundeführer zeigt sichtlich Genugtuung darüber. Ich möchte hierbei betonen, daß diese Übungsform spielerischen Charakter, aber auch Spannung haben soll, d. h., sie soll ohne jegliche Bedrohung oder Verunsicherung des Hundes verlaufen, aber

Das Beutemachen. Auch wenn der Hund zum Beißen gelangt, bewegt sich die Beute vorbei und weg vom Hund. Der Anbiß wird sofort bestätigt, der Hund macht Beute und darf tragen.

Motivation schaffen durch Reizen und Streitigmachen

Das Reizen. Eine Beute geht weg vom Hund, d. h., beim Anreizen bewegt sich der Sack seitlich am Hund vorbei und weg vom Hund. Die hauptsächliche Bewegung liegt in der Beute. Der Helfer unterläßt Wehrreize, d. h., er fixiert nicht den Hund und bewegt sich nicht „in den Hund hinein". Deutlich zu sehen ist die Reizwirkung beim Hund.

deutlich sein Interesse wecken. Noch während der Hund die Beute hält, oder wenn er sie schon wieder fallen gelassen hat, versucht der Helfer, der sich unentwegt auf die Beute konzentriert, diese dem Hund wegzuschnappen, ohne sie ihm aber tatsächlich wegzunehmen. Zeigt der Hund irgendeine gewünschte Reaktion wie Beuteschütteln oder Beute-in-Sicherheit-bringen-wollen, so läßt der Helfer das Streitigmachen nach, zeigt sich beeindruckt, und der Hundeführer führt den Hund, der die Beute trägt, fort. Läßt der Hund die Beute aber fallen, bevor er den Platz verlassen hat, ist der Helfer sofort zur Stelle und macht sie dem Hund wieder streitig. Dabei hält der Hundeführer den Hund mit der Leine so weit von der Beute weg, daß der Helfer nach einigen ergebnislosen Versuchen dem Hund die Beute tatsächlich wegschnappen kann und ihn erneut reizt, zubeißen und wegtragen läßt.

Bei dieser Arbeit sind einige ganz wichtige Dinge zu berücksichtigen: Will man Beutetriebförderung betreiben, so muß das Interesse des Hundes auf die Beute gerichtet werden, d. h., sie ist es, die sich bewegt und

Beutetriebförderung

1 2

5 6

nicht der Helfer. Andererseits bewegt sich eine Beute nie in den Hund hinein, sondern immer vom Hund weg, selbst wenn sie gefaßt worden ist. Und was ganz wesentlich nicht nur für die Beutetriebförderung ist: *Nicht der Helfer bestimmt das Geschehen, sondern der Hund. Man muß es bei der Triebförderung soweit bringen, daß der Hund den Helfer reizt, und nicht der Helfer den Hund.* Dazu sind die Gesetze der instrumentellen Konditionierung genauestens zu beachten: zeigt der Hund gewünschtes Verhalten, erreicht er sein Triebziel, d.h. er scheucht die Beute hoch, erbeutet sie oder darf sie tragen.

Der aufmerksame Leser und der, der weiß, was ich über den Wehrtrieb schreibe, wird in dem „Streitigmachen" zu Recht schon eine erste Provokation des Wehrverhaltens sehen (vergleiche: Kanalisierung von Wehrtrieb in Beutetrieb). Ich möchte dazu betonen, daß eine Ausbildung

Motivation schaffen durch Reizen und Streitigmachen

3   4

7

Das Streitigmachen. Der Helfer nähert sich ängstlich (Fluchtbereitschaft, seitlich bis rücklings zum Hund, teilweise zurückweichend) und fixiert dabei die Beute (1–3), der Helfer versucht, die Beute zu entziehen (4–5), der Hund verteidigt die Beute durch Festhalten und wird in seinem Verhalten bestätigt, d. h., der Helfer flieht beeindruckt, der Hund darf wegtragen (6–7). – Gut zu sehen ist an dieser Bildreihe das Geschick des Hundeführers, den Hund kurz vor der Beute und ständig an straffer Leine zu halten.

eben nicht so schematisch abläuft, wie ich sie hier beschreibe. Triebmäßigkeiten überlagern sich in allen denkbaren Wechselbeziehungen. Nur der Übersicht und Verständlichkeit halber muß ich die Wehrtriebförderungen getrennt behandeln.

Zweite Phase:
Der zweite Übungsabschnitt unterscheidet sich insofern vom ersten, als daß der Hund gezielt und hoch in Bauch- bis Brusthöhe nach der Beute greifen muß. Hat er dies getan, ist die Beute gleich wieder dem Hund zu überlassen. Durch dieses Beutemachen im Sprung wird ein gezielter Angriff geschult und die Intensität des Griffs erhöht. Die anschließenden Handlungen vom Hundeführer und die Reaktionen des Helfers bleiben die gleichen wie in der ersten Phase.

Beutetriebförderung

B. Der erste Anbiß

Zweites Ziel: Der Hund soll gleich beim ersten Mal so fest zufassen, daß die Beute nicht entkommen kann.

Diese Übung erfolgt ebenfalls an der Leine und ist sobald als möglich in die Triebförderung einzubauen. Sobald der Hund die Handlungskette Zubeißen und Wegtragen verknüpft hat, ist darauf zu achten, daß er sein Triebziel nur erreicht, wenn er wirklich fest zubeißt. Der Hundeführer bekommt die strikte Anweisung, sich nicht vom Fleck zu rühren und hinterherzukommen, er soll allerdings den Hund auch nicht zurückreißen. Der Helfer reizt den Hund im Beutetrieb, gibt ihm beim seitlichen Wegscheren *eine gute und ausreichende* Möglichkeit, wie in der zweiten Phase anzubeißen, läßt nach dem Anbiß aber die Beute nicht los, sondern versucht sie wegzureißen. Hält der Hund, bekommt er die Beute. Läßt

1

2

5

6

Der erste Anbiß

er sie sich entreißen, werden sofort verstärkt Beutereize gesetzt, und der Hund bekommt erneut die Möglichkeit, sein Triebziel zu erreichen. Der gute und feinfühlige Helfer versucht schon beim ersten Mal, die Beute nur so sehr zu entreißen, daß der Hund gerade noch Sieger bleibt. Spätestens beim zweiten Versuch muß der Hund aber eben noch die Beute behalten können. Es geht also nicht darum, dem Hund die Beute samt Kopf zu entreißen, sondern er soll etwas gefordert werden, bevor

Der hohe Anbiß. Der Hund wird im Beutetrieb gereizt (1–3), der hohe Anbiß beim seitlichen Vorbeischeren (4–6), dabei achtet der Helfer auf gute Beißmöglichkeit, Bild 5 zeigt, wie der Helfer weiterhin die Beute bewegt. Die Grifförderung, der Helfer versucht, die Beute zu entziehen (7), die Bestätigung, der Hund darf tragen (8).
Auch bei dieser Bildreihe ist geschicktes und gefühlvolles Zurückhalten des Hundes seitens der Hundeführerin zu erkennen.

3 4

7 8

37

er sein Triebziel erreicht. Sollte der Hund durch diese Forderung schon Verhaltensweisen wie Kontern oder Totschütteln zeigen, sind sie unbedingt sofort zu verstärken. Nach dem Beutemachen trägt der Hund die Beute wieder weg. Ob und wie stark der Helfer dem Hund die Beute streitig macht, liegt daran, wie sehr der Hund bemüht ist, seine Beute in Sicherheit zu bringen. Fehlt es dem Hund an Beutetrieb, so ist das Streitigmachen immer eine gute Möglichkeit. Auch hier, wie in allen Übungen des Schutzdienstes, ist es sehr wichtig, den Hund weder zu über- noch zu unterfordern.

C. Die Übersetzung auf den Ärmel

Drittes Ziel: Der Hund soll einen festen ersten Anbiß am Ärmel zeigen.

Ist der Hund weiter gereift und körperlich kräftiger geworden, so daß er den Hetzärmel ohne Schwierigkeiten tragen kann, meist zwischen dem neunten und elften Lebensmonat, wird der Lappen durch den Ärmel ersetzt. Damit der Ärmel zum Beuteverhalten auslösenden Reiz wird, muß er ebenso wie der Lappen in Bewegung gehalten werden. Ist es dem Helfer gelungen, durch den Ärmel beim Hund den Beutetrieb zu reizen, kommt es bei den ersten Beißversuchen wesentlich darauf an, daß dem Hund der Ärmel so präsentiert wird, daß er gleich fest zufassen kann. Es ist von entscheidender Wichtigkeit, daß der Hund bei den ersten Beißversuchen am „voluminösen" Hetzärmel nicht frustriert wird.

Dazu steht der Helfer zweckmäßigerweise frontal zum Hund und reizt ihn mit dem zappelnden und pendelnden Hetzarm. Er schert dann mit angewinkeltem Arm seitlich am Hund vorbei (eine Beute geht immer weg vom Hund!) und gibt ihm dabei die Möglichkeit zum Beißen. Gerade bei dem ersten Versuch ist so mancher Hund durch die andersartige Beute etwas verunsichert und zeigt daher kaum Griff. Deshalb muß der Helfer, sobald der Hund zufaßt, ihm bereits die Beute überlassen. Sofort beginnt der Helfer mit dem Streitigmachen, bis der Hund die Beute nimmt und wegträgt. Hierbei bietet es sich an, daß der Hundeführer beim Wegtragen den Ärmel ab und zu noch etwas bewegt.

Bei manchen Hunden ist es zweckmäßig, daß die Beutetriebförderung zunächst noch einige Male mit dem Lappen begonnen wird, und daß während der Arbeit der Lappen wieder durch den Ärmel ersetzt wird. Andere Helfer schaffen den Übergang auf den Hetzärmel über

Die Übersetzung auf den Ärmel

Der hohe Anbiß. Hund wird im Beutetrieb gereizt und erhält beim Vorbeischeren die Beißmöglichkeit. Er wird sofort im Beutetrieb bestätigt und zusätzlich vom Hundeführer gelobt.

Beutebeißen. Die Beute stellt den Bewegungsreiz dar, der Helfer dreht sich beim Beißen aus dem Hund heraus (Beute weg vom Hund).

Beutetriebförderung

Beutebeißen. Der Helfer schert am Hund vorbei, der Hund bekommt gute Beißmöglichkeit zum hohen Anbiß. Der Helfer dreht sich aus dem Hund heraus. Der geschickte Hundeführer hält den Hund gefühlvoll an straffer Leine (etwas wehren spornt das

eine Manschette. Wird allerdings der Hetzärmel dem Hund tatsächlich als Beutereiz gezeigt und ihm günstig zum Beißen geboten, so hat der Hund schon nach zwei bis drei Erfahrungen den Ärmel als Beute akzeptiert. Sobald dies geschehen ist, wird auf einen festen ersten Anbiß geachtet. Die Übungsform ist die gleiche wie mit dem Lappen (lesen Sie dazu noch einmal B. Der erste Anbiß).

Die Übersetzung auf den Ärmel

Begehren) und sorgt, nachdem der Hund bestätigt wurde, durch gekonntes Hochziehen des Hundes dafür, daß dieser die Beute gut tragen kann.

Das Streitigmachen der Beute. Der Helfer soll bei der Beutetriebförderung niemals frontal in den Hund laufen. Er muß Unsicherheit beim Wegschnappen der Beute zeigen, sich teilweise auch wieder verscheuchen lassen. Er fixiert nicht den Hund, sondern die Beute (3). Sobald er die Beute hat, setzt wieder der Beutereiz ein, und der Hund darf erneut beißen und dann die Beute wegtragen.

Gut zu beobachten ist bei dieser Bildreihe, wie der Hund beim Streitigmachen an Intensität zulegt.

Beutetriebförderung

Die Übersetzung auf den Ärmel

Das Streitigmachen. Auch hier ist gut zu sehen, wie der Helfer ängstlich (Fluchtbereitschaft, rücklings zum Hund) die Beute fixierend diese dem Hund streitig macht, um dann beim Wehrverhalten des Hundes panikartig wegzulaufen.

Griffförderung beim ersten Anbiß. Der Helfer schert seitlich vorbei (hoher Anbiß, gute Beißmöglichkeit), dreht sich aus dem Hund heraus und versucht, den Ärmel dosiert mit sich wegzuziehen. Der Hund hält die Beute so fest er kann und wird bestätigt, d. h., er darf die Beute tragen.
Falsch verstandene Nachsicht demonstriert hier die Hundeführerin, die dem Hund zuviel Leine läßt, anstatt sie ständig straff zu halten.

Beutetriebförderung

Grifförderung beim ersten Anbiß. Auch hier ist an der durchhängenden Leine falsches Verhalten des Hundeführers zu erkennen. Der Griff des Hundes ist unzureichend. Es ist grundfalsch, den Hund durch eine lose Leine zum Beißen drücken zu wollen. Wohldosiertes Zurückhalten fördert Durchsetzungsvermögen, Griff und Intensität.

Sehr gut ist an dieser Bildreihe die Helfertechnik beim Beutebeißen zu erkennen. Der Helfer fordert den Hund im richtigen Maß, er bietet die Beißfläche zuerst optimal an, zieht dann heraus und fordert den Hund schließlich durch Hochdrehen der Beißfläche.

D. Der Angriff

Viertes Ziel: Der Hund soll durch gezielten Ansprung und festen Griff Beute machen.

Die zentrale Übung der Beutetriebförderung ist die Angriffsübung. Mit ihr kann begonnen werden, wenn der Hund an der Leine einen festen ersten Anbiß zeigt. Sie dient außer zur Triebförderung noch dazu, dem Hund die richtige Angriffstechnik zu vermitteln. Dies ist sehr wichtig, denn wenn ein Hund nicht die richtige Technik beim Ansprung und beim Zubeißen entwickelt, kann er sich dabei wehtun oder gar verletzen, was uns sicherlich in der Arbeit weit zurückwerfen würde.

Der Angriff

Der Hundeführer geht in Hockstellung und hält seinen Hund am Halsband fest. Der Helfer reizt den Hund in fünf bis zehn Meter Entfernung an, dabei steht er frontal zum Hund. Auf das Zeichen des Helfers (z. B. Schlaghand heben) läßt der Hundeführer den Hund los. Im gleichen Augenblick schert der Helfer mit angewinkeltem Arm zur Seite weg, er hat darauf zu achten, daß der Hund den Ärmel gleich beim ersten Versuch richtig fassen kann. Hierbei ist es wichtig, daß der Helfer anfängliche Ungeschicklichkeiten des Hundes ausgleicht. Ist der Angriff gut und der Anbiß fest, streift der Helfer sofort den Ärmel ab. Der Hundeführer leint den Hund an, und der Hund darf die Beute wegtragen.

Zeigt der Hund Mängel im ersten Anbiß, so bietet es sich einerseits an, den Hund wieder an der Leine wie vorher zu arbeiten, oder aber man übt den Angriff und gibt dem Hund nicht sofort die Beute, sondern der Helfer dreht sich beim Anbiß aus dem Hund heraus (Beute geht weg vom Hund) und versucht auf diese Weise, dem Hund die Beute zu entziehen. Hier gilt es wie vorher, den Hund im richtigen Maß zu fordern. Sollte der Helfer dem Hund die Beute entziehen, flieht er sofort, wobei er den Ärmel bewegt und dem Hund eine erneute Beißmöglichkeit gibt. Beim zweiten Anbiß bekommt der Hund die Beute sofort. Nach und nach wird diese Übungsform dahingehend verändert, daß der Hund nicht die seitlich wegscherende Beute angreift, sondern daß er „in den Helfer hinein" angreift. Dazu wird der Hund wie vorher gereizt, und der Helfer bleibt beim Angriff frontal zum Hund und bietet dem Hund den Ärmel vor der Brust an. Es ist wichtig, daß der Helfer den angreifenden Hund gut abfängt, indem er seitlich rückwärts ausweicht. Der Helfer achte weiterhin darauf, daß der Hund mit dem Angriff Beute macht.

Beutetriebförderung

Der Angriff. Anfänglich greift der Hund den fliehenden Helfer seitlich an. Der Helfer bietet den hohen Anbiß, fängt den Hund in Rücklage ab, wobei er nach hinten ausweicht. Der Angriff wird sofort bestätigt, d. h., indem der Helfer den Hund gefühlvoll auf seine vier Läufe setzt, streift er schon den Ärmel ab, der Hund darf tragen. Am Leuchtmasten und am Versteck ist deutlich die Rückwärtsbewegung des Helfers zu beobachten.

Der Angriff

Der Angriff. Schon bald läßt man den Hund frontal in den Helfer hinein angreifen. Auch hier ist gut zu sehen, wie der Helfer den Hund in Rücklage abfängt, rückwärts ausweicht und den Hund auf die Läufe setzt.

Der Angriff. Besser kann eine Angriffsübung nicht aussehen. Der Hund wird dem fliehenden Helfer hinterhergeschickt. Der Helfer macht kehrt, der Hund greift gezielt und ohne abzubremsen hoch an. Er wird gefühlvoll abgefangen und bestätigt.

E. „Kämpfen" lehren („Totschütteln")

Fünftes Ziel: Der Hund soll lernen, daß er durch „Totschütteln" Beute machen kann.

Bei triebstarken und bei unsicheren Hunden ist das Totschütteln relativ leicht zu provozieren, bei manchen Hunden gelingt es aber nicht, bevor die Hunde ein Alter von ca. fünfzehn Monaten erreicht haben. Mitunter bewirkt erst massivere Wehrtriebförderung das Kontern (siehe dort). Sollte ein Hund bei der bisherigen Beutetriebförderung schon diese gewünschte Verhaltensweise zeigen, so ist *immer* auf sie einzugehen, indem der Hund die Beute bekommt oder der Arm tot und schlaff wird. Ein Nichteingehen auf diese Verhaltensweise kann den Hund verunsichern, da es sich um erste Wehrreaktionen handeln kann (vergleiche:

„Kämpfen" lehren („Totschütteln")

Hinnehmen von Aggression verunsichert!), oder er würde zumindest lernen, daß er durch diese Verhaltensweise nichts erreicht. Häufig zeigen auf diese Weise verunsicherte Hunde ein hektisches Beißen (Knabbern) am Ärmel. Wird das Schütteln immer verstärkt, indem der Hund das Triebziel erreicht, lernt der Hund, daß er durch Schütteln Beute machen kann, und er wird später Belastungen auf diese Weise zu überstehen lernen (vergleiche: Kanalisierung von Wehrtrieb in Beutetrieb).

Zeigt der Hund nicht von sich aus diese Verhaltensweise, müssen wir ihm beibringen, daß er durch Schütteln Beute machen kann: Dazu läßt man den Hund an der Leine beißen. Nach dem Anbiß gibt der Helfer den Ärmel nicht hin, sondern simuliert eine „tote" Beute, indem er den Ärmel locker läßt, dabei dreht er sich aus dem Hund heraus, so daß er den Hund hinter sich hat. Einige Zeit herrscht jetzt Ruhe, während der Hundeführer die Leine etwas strammt. Dann versucht der Helfer, indem er langsam Kraft in den Arm bringt, die Beute wegzuziehen. Beutetriebstarke Hunde zeigen hierauf meist das Totschütteln, worauf sie sofort ihr Triebziel erreichen und die Beute wegtragen dürfen. Einige Hunde reagieren dabei nicht mit Schütteln, sondern mit Ziehen. Ich bestätige diese Verhaltensweise ebenfalls immer, denn wichtig erscheint mir nur, daß der Hund eine Aktion zeigt.

Auf diese Art und Weise habe ich bereits einmal einem Hund beigebracht, laufend nachzubeißen, was mir anschließend gar nicht gefiel. Aber aus dieser Tatsache geht hervor, wie genau ein Hund nach den Gesetzen der instrumentellen Konditionierung lernt: die Verhaltensweise, die zum Triebziel führt, wird gelernt und bevorzugt angewendet.

Führt diese Übungsweise, Totstellen und Wiederbeleben der Beute, nicht zum gewünschten Schütteln, kann dem Hund das Schütteln über

Beutetriebförderung

Kämpfen lernen. Aus der Beuteposition wird der Hund in die Wehrposition (2) gebracht, indem sich der Helfer zum Hund dreht und bei der geringsten Wehrreaktion sofort bestätigt.

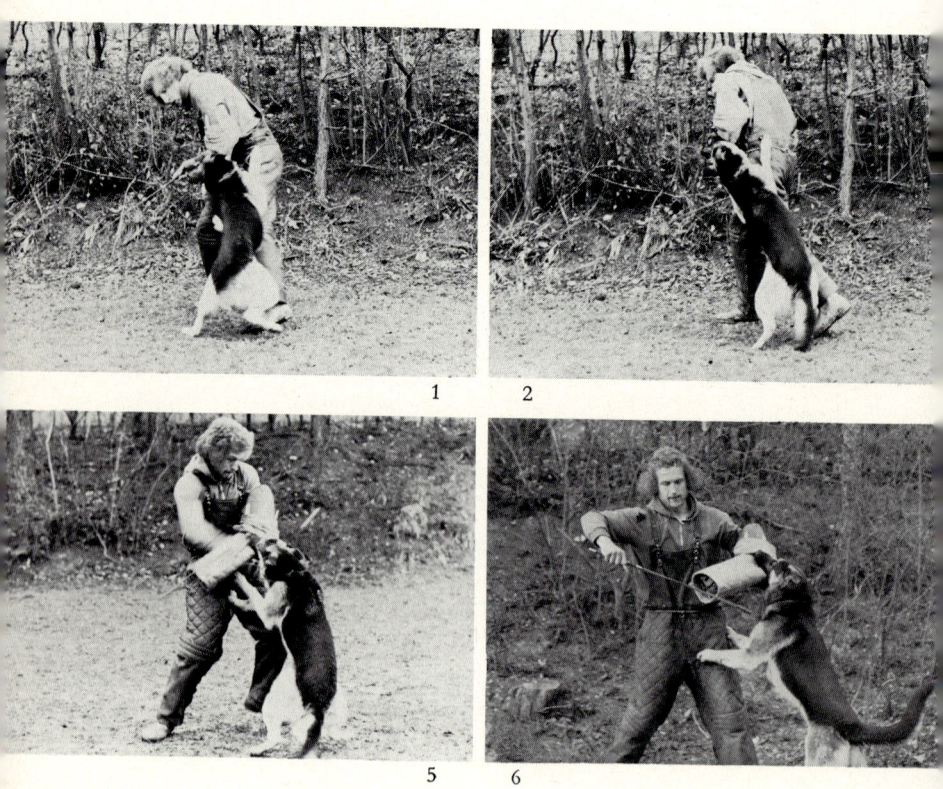

„Kämpfen" lehren („Totschütteln")

3 4

Kämpfen lernen. Bei sicheren und bei phlegmatischen Hunden ist Kontern des Hundes mitunter zu erreichen, indem man ihm durch die Läufe streicht, ihn anpustet, ihn fixiert oder ihn schlägt. Beim Schlagen ist nicht der Schmerz ausschlaggebend, sondern die Tatsache, daß der Helfer kontert. Man erkennt dies daran, daß solches Wehrverhalten leichter durch belaubte Äste als etwa durch Stockschläge hervorzurufen ist. Stockschläge verderben in diesem Ausbildungsstadium ohnehin mehr, als sie nützen können.

Bei dieser Bildreihe ist zu erkennen, wie durch Streitigmachen und anschließendes Belasten der Hund ständig mehr gefordert wird, bis er schließlich kontert:
Der Helfer versucht, die Beute zu entziehen, der Hund hält (1–2), der Helfer dreht sich zum Hund, so daß der Hund aus der Beute- in die Wehrposition gelangt (3–4) und erhöht die Nervenbelastung, indem er dem Hund durch die Läufe streicht (5–6). Beim Kontern wird der Hund bestätigt. Kontert der Hund schon bei Bild 3, ist er selbstverständlich schon in dieser Phase zu bestätigen.

Wehrreaktionen beigebracht werden. Aus der Position, in der der Hund hinter dem Helfer am Ärmel hängt („Beuteposition"), wird der Hund vor den Helfer gebracht („Wehrposition"), indem sich der Helfer zum Hund dreht und eine Drohstellung einnimmt. Etwas unsichere Hunde kontern daraufhin, wodurch sie ihr Triebziel erreichen. Sie lernen bereits hier, wie sie sich wehren können und überbrücken dadurch ihre Unsicherheiten.

Führt dieses Verfahren auch nicht zum gewünschten Schütteln, werden andere Unsicherheiten des Hundes ausgenutzt. Beispielsweise holt der Helfer den Hund aus der Beutesituation (Ärmel hinter dem Helfer, ziehen am Hund) in die Wehrsituation (Hund vor dem Helfer, angewinkelter Arm vor der Brust) und provoziert Meideverhalten, indem er mit dem Stock an den Läufen langstreicht oder den Hund anpustet usw. Zeigt der Hund die gewünschte Verhaltensweise, wird er bestätigt (siehe Wehrtriebförderung).

Wie gesagt, bei manchen beutetriebschwächeren und relativ sicheren Hunden ist das Totschütteln nicht aus dem Beutetrieb heraus zu provozieren, und Wehrreaktionen zeigen sie erst später, wenn der Wehrtrieb ausreift bzw. der Hund Wehrtriebförderung erfahren hat.

F. Ziel der Beutetriebförderung

Das Ziel der Beutetriebförderung ist erreicht, wenn der Hund, sobald er den Helfer mit dem Hetzärmel erblickt, durch Ziehen in der Leine oder durch Bellen die Beute fordert. Wird er zum Angriff geschickt, muß er zügig und ohne Hemmungen angreifen, fest zufassen und halten, während der Helfer den Arm locker hält und leicht ziehend sich aus dem Hund herausdreht. Versucht der Helfer durch stärkeres Ziehen am Arm die Beute streitig zu machen, muß der Hund schütteln, er bekommt den Ärmel und darf ihn wegtragen.

Wie ein guter Angriff, ein fester Griff und das Schütteln zu erreichen sind, habe ich im Vorhergegangenen erläutert. Wichtig scheint mir noch die Forderung, daß der Helfer während der Beutetriebförderung davon wegkommt, immer nur die aktive Rolle beim Anreizen zu spielen. Ziel der Arbeit muß u.a. auch sein, daß der Hund den Helfer hetzt. Deshalb soll der Helfer immer schon auf dem Platz frei stehen oder aber im Versteck sein, wenn der Hund zum Schutzdienst auf den Platz geführt wird. Sobald der Hund den Helfer ausmacht und ihn fordert, muß sich der Helfer aufscheuchen lassen und die Beute muß sich panikartig bewegen.

Anfänglich starkes Reizen des Hundes sind Hilfen und müssen abgebaut werden. Letztendlich muß der Hund den Helfer aus dem Versteck aufscheuchen, wird dann gleich zum Angriff geschickt und macht Beute. Sofort leint ihn der Hundeführer an, und der Hund darf die Beute tragen. Sobald der Hund die Beute fallen läßt, beginnt der Helfer mit dem Streitigmachen. Der Hundeführer hält den Hund so, daß er gerade eben den Ärmel nicht mehr erreichen kann, und der Helfer nimmt den Arm, um den Hund erneut beißen zu lassen. Nach zwei bis vier Beißübungen darf der Hund die Beute vom Platz tragen.

Die ganze Situation des Schutzdienstes muß also voller Spannung sein, solange der Hund ausschließlich Beutearbeit leistet. Ruhe darf nur und muß einkehren, wenn der Hund den Ärmel trägt. Auch ist es schlecht, den Hund schon vor dem Schutzdienst oder hinterher auf dem Platz „rumdölmern" zu lassen oder ihm gar immer wieder die Möglichkeit zu geben, mit dem Ärmel zu spielen oder den Helfer zu sehen. Wer die Ausführungen im theoretischen Teil gelesen hat, wird wissen, daß der Beutetrieb der reiz- und aktionsspezifischen Ermüdung unterliegt und von daher nur ein stärkeres Appetenzverhalten bei möglichst unbefriedigtem Trieb zu erwarten ist. Allein die Anwesenheit der Schlüsselreize bewirkt eine Ermüdung.

Aus den Gesetzen der Reizsummation läßt sich auch ableiten, daß man dem Hund alle Reize wie Platz, Helfer, Ärmel nur dann bieten soll, wenn er tatsächlich zum Beißen geführt wird. Nach dem Gesetz der klassischen Konditionierung empfindet der Hund schon erhöhte Beutetriebappetenz, wenn er auf den Platz geführt wird; diese verstärkt sich, wenn er Ärmel und Helfer erblickt. Es ist auf diese Art und Weise relativ leicht, den Hund zum Hetzenden und den Helfer zum Gehetzten zu machen.

Zum Schluß soll noch eine Übungsmöglichkeit vorgeschlagen werden, die ich als Grundübung zur Beutetriebförderung immer wieder praktiziere: Ich stehe als Helfer im Versteck, während der Hund auf den Platz geführt wird. Der Hundeführer bleibt in ca. 20 Meter Entfernung stehen, leint den Hund ab und hält ihn – dabei die Hockstellung einnehmend – am Halsband fest. Durch leise Geräusche mache ich den Hund auf mich aufmerksam. Hat er mich ausgemacht und fordert mich, stürze ich aufgescheucht aus dem Versteck, gebe noch einige Beutereize und lasse den Hund zum Angriff schicken. Ich lasse den Hund frontal und hoch angreifen, fange ihn vorsichtig ab, drehe mich aus dem Hund heraus und ziehe leicht am Ärmel. Der Hundeführer leint dabei seinen Hund an und strammt die Leine etwas. Nach kurzer Ruhe provoziere ich das Kontern, der Hund schüttelt, bekommt die Beute und darf mit ihr eine kleine Platzrunde machen. Dann wird der Hund in etwa 10 Meter Entfernung angehalten, und sobald er den Ärmel fallen läßt, beginnt das Streitigmachen, oder ich reiße den Ärmel gleich an mich, und die nächste Beißübung beginnt unmittelbar anschließend. Beim letzten Beißen wird der Hund angeleint und trägt dann die Beute vom Platz.

II. Wehrtriebförderung
(Aggressivität gegen den Helfer schüren)

Die Wehrtriebförderung ist eine wesentlich schwierigere Arbeit für einen Helfer als die Beutetriebförderung. Denn ich erwähnte schon im theoretischen Teil, daß Wehr- und Meideverhalten in einem antagonistischen Verhältnis stehen. Wenn ein Hund Wehrverhalten zeigt, muß ein Helfer sich immer dadurch beeindrucken lassen. Häufig wird nicht erkannt, daß ein Hund schon Wehrverhalten zeigt. Durch die zwangsläufige Frustration wird der Hund dann meist sehr verunsichert. Wehrverhalten kann unterschiedlich motiviert sein: Entweder verteidigt der Hund ein Objekt (Beute), oder er verteidigt sich selbst gegen den Helfer. Der Wehrtrieb reift wie gesagt erst später aus, allerdings ist ein einmal hervorgetretener Wehrtrieb gegen den Helfer meist nicht wieder auszulöschen. Deshalb ist es wichtig für die Ausbildung, die Wehrtriebförderung zeitlich richtig einzubauen. Da ein Hund einerseits durch Wehrtriebförderung lernen soll, wie er die Beute verteidigen kann und andererseits, wie er sich selbst gegen den Helfer verteidigen kann, also sein Selbstbewußtsein insgesamt gestärkt werden soll, ist es zweckmäßig, während der Wehrtriebförderung kein Meideverhalten aufkommen zu lassen. Deshalb meine ich, daß die Verbellübung gelernt worden sein muß, bevor der Hund massivere Wehrtriebförderung erfährt. Es versteht sich von selbst, daß ein Hund erst zur Schutzhundprüfung geführt werden kann, wenn er auch im Wehrtrieb gearbeitet worden ist, auch wenn er alle Schutzdienstelemente fast ausschließlich über den Beutetrieb zu leisten gelernt hat. Sonst wird der Schutzdienst zu einem Beutespielchen degradiert, und der Hund wird nicht angemessen auf die Bewältigung echter Belastungen (z.B.: fremder Platz oder fremder Helfer) vorbereitet.

Um es ganz deutlich zu sagen: Wehrtriebförderung heißt nicht, einen Hund zu verunsichern, sondern Wehrtriebförderung bedeutet einerseits, dem Hund zu zeigen, wie er Unsicherheiten überbrücken kann, und andererseits, wie er bei Belastungen kontern kann. Auch hierbei lernt der Hund nach den Gesetzen der instrumentellen Konditionierung: Handlungen, die zum Erfolg führen, werden bevorzugt eingesetzt.

A. Nervenbelastung erhöhen durch Streitigmachen der Beute und Ausnutzen der Unsicherheiten

Erstes Ziel: Der Hund soll lernen, wie er den Helfer, der ihm die Beute streitig macht, einschüchtern kann und wie er nervlichen und körperlichen Belastungen begegnen kann.

Diese erste Form der Wehrtriebförderung bezieht sich ausschließlich auf objektbezogene Wehrreaktionen des Hundes, d. h., der Hund soll lernen, daß er durch Kontern den Helfer, der versucht, ihm die Beute streitig zu machen, einschüchtern kann. Jetzt wird der aufmerksame Leser auch wissen, worauf ich anspielte, als ich bei den Ausführungen über die Beutetriebförderung im Zusammenhang mit dem Streitigmachen und dem Totschüttelnprovozieren vom Wehrtrieb sprach. Im Rahmen der Wehrtriebförderung geschieht dieses Streitigmachen aber in massiverer Form. Und zwar werden Unsicherheiten des Hundes bis an die Grenze des Meideverhaltens ausgenutzt. Da der Gegenspieler des Meideverhaltens aber das Wehrverhalten ist, wird bei dem Hund durch diese Verunsicherung Wehrverhalten erzeugt, was sich im „Kontern" äußert. Daraufhin muß der Hund im Beutetrieb bestätigt werden, d. h., er muß sich durch Kontern den Ärmel erkämpfen können.

Um auf diese Weise Wehrtriebförderung zu betreiben, muß der Helfer herausfinden, welche Unsicherheiten der Hund hat. Manche Hunde werden unsicher, wenn man mit dem Stock an den Läufen entlangstreicht, andere, wenn man sie durch Büsche zieht, wieder andere bei leichten Schlägen mit belaubten Ästen oder wenn man beim Beißen den Unterkiefer aufs Knie drückt. Auch das Umschmeißen von Verstecken belastet viele Hunde. Hier sind der Phantasie des Helfers kaum Grenzen gesetzt. Das oberste Prinzip ist auch hierbei, den Hund im richtigen Maße zu belasten, d. h., der Hund muß bis an seine Grenze belastet werden, dann kontert er und wird im Beutetrieb bestätigt. Diese Arbeit bringt drei entscheidende Vorteile: erstens überbrückt der Hund seine Unsicherheiten, zweitens lernt er, mit nervlichen oder auch körperlichen Belastungen fertig zu werden und drittens bekommt die Schutzdienstarbeit wesentlich mehr Intensität. Denn neben dem Phänomen der Reiz-

Wehrtriebförderung

summation verstärkt der Wehrtrieb die Schutzdienstarbeit, weil er ebenso wie Meideverhalten ständig aktivierbar ist.

Eine Übungsform kann beispielsweise folgendermaßen aussehen: Der Hundeführer hält seinen Hund an der Leine, der Helfer gibt so gut wie keine Reizlage und läßt den Hund ohne viel Aktionen beißen. Daraufhin wird der Hund einen relativ schwachen Griff zeigen. Der Helfer versucht, dem Hund den Ärmel zu entziehen, aber nur so stark, daß der Hund ihn gerade noch festhalten kann. Sofort holt der Helfer sich den Hund nach vorn und streicht mit dem Stock durch die Vorderläufe (wenn der Hund dabei unsicher ist). Sobald der Hund kontert, bekommt er den Ärmel. Ich kann, glaube ich, nicht oft genug betonen, daß auch bei dieser Übung der Hund derjenige ist, der das Geschehen bestimmt. Zeigt der Hund einen „überwältigenden" Anbiß oder kontert er schon, wenn der Helfer versucht, den Ärmel nach vorne zu holen, muß bereits diese Verhaltensweise bestätigt werden. Erst wenn der Hund selbstsicher

Das Reizen. Ein Hund ohne Wehrtrieberfahrung, der schon Beutetriebförderung erfahren hat, reagiert verstört auf einen sich nähernden Helfer, der keine Bewegungsreize setzt. Sobald dieser in der Fluchtdistanz zu drohen beginnt (fixieren, Drohhaltung), reagiert der Hund im Wehrtrieb. Durch sofortige Flucht des Helfers wird der Hund in seinem Wehrverhalten bestätigt. An der Bildreihe ist deutlich zu sehen, wie die Bestätigung (= Flucht) den Hund „hervorbringt".

zu kontern gelernt hat, kann der Helfer einmal das Kontern erwidern und eine noch größere Belastung anbringen, um den Hund erst beim zweiten Kontern zu bestätigen.

B. Wehren gegen den Helfer

Zweites Ziel: Der Hund soll lernen, daß er sich durch Angreifen und Zubeißen gegen den Helfer wehren kann. Die Schranken vor der Person des Helfers sollen abgebaut werden.

Diese Form der Wehrtriebförderung verläuft in drei Stufen, wobei die letzte, massivste Form der Wehrtriebförderung nur bei erwachsenen und relativ selbstbewußten Hunden angewendet werden sollte; auf keinen Fall sollte der Hund jünger als fünfzehn bis achtzehn Monate sein, da

hierbei dem Hund offene Aggression entgegengebracht wird, während bei den ersten beiden Stufen der Hund nur bedroht wird.

1. Hund und Hundeführer bedrohen

Der Hundeführer geht mit seinem Hund auf den Platz und hockt sich neben seinen Hund, den er am Halsband hält, hin. Der Helfer geht ohne Ärmel in Schutzhose ganz unbedarft, ohne die beiden zu bemerken, auf diese zu. In einer Entfernung von ca. 15 Metern (Fluchtdistanz!) entdeckt er sie plötzlich, erschrickt, bleibt stehen, macht sich klein und breit

Wehrtriebförderung

Das Reizen des angebundenen Hundes. Der passive Hund wird durch Drohen im Wehrverhalten aktiviert, die Bestätigung „baut" den Hund erst richtig auf.

und droht. Von nun ab fixiert(!) er den Hund unentwegt, wobei er sich langsam im Halbkreis vor dem Hund hin und her bewegt und sich ihm dabei nähert. Der Helfer muß einen drohenden, aber auch ängstlichen Eindruck machen, so, als wolle er dem Hund etwas antun, fürchte sich aber vor ihm. Der Hundeführer unterstützt seinen Hund, indem er selbstsicher und bestimmt dem Hund Mut macht, sich zu verteidigen. Der Helfer darf auch hierbei durch das Drohen den Hund nur so sehr belasten, daß er gerade noch nicht ins Meideverhalten gedrängt wird. Zeigt der Hund Wehrreaktionen, flieht der Helfer sofort aus der Sichtweite.

Ist der Hund schon im Beutetrieb gearbeitet worden, ist er häufig nicht mehr durch Drohen zu verunsichern, meist wird er dem Helfer ein forderndes Bellen entgegenbringen, das nichts mit Wehrverhalten zu tun hat. Dies ignoriert der Helfer und geht weiter und forscher auf den Hund zu. Kurz vor dem Hund vollführt der Helfer einen Scheinangriff auf den Hund (kritische Distanz!), wobei er ihm eventuell auch einen leichten Schmerz zufügt, woraufhin er sofort aus der Sichtweite flieht. Sobald der Helfer außer Sichtweite ist, lobt der Hundeführer seinen Hund und führt ihn fort.

2. Den angebundenen, *auf sich gestellten Hund bedrohen*

Bei dieser Übungsform wird der Hund angebunden, und der Hundeführer hält sich außerhalb der Sichtweite auf. Der Hund muß sich also auf sich allein gestellt verteidigen. Der Helfer bietet dem Hund wieder die gleiche Reizlage, zeigt der Hund Wehrreaktionen, flieht der Helfer sofort aus der Sichtweite. Es ist wichtig, gleich die erste Wehrreaktion des

Hundes zu verstärken; selbst wenn der Helfer kaum zum Drohen kommt, muß er sofort Fluchtverhalten zeigen, wenn der Hund sich wehrt.

Auch hierbei muß der Helfer klar erkennen, inwieweit er den Hund belasten muß, um ihn weder zu über- noch zu unterfordern. Der Hund muß durch diese Arbeit belastet werden, darf jedoch nicht ins Meideverhalten gedrängt werden. Ist es schwierig, dem Hund Wehrverhalten zu entlocken, wirkt meist unsicheres Gebaren vorteilhafter als Drohen.

Ist der Helfer außer Sichtweite, geht der Hundeführer zum Hund, leint ihn an und führt ihn weg.

3. Wehrverhalten kontern oder den Hund angreifen

Mit zunehmender Selbstsicherheit kann der Hund dann stärker belastet werden, bis sich ein kurzer Kampf auf Distanz abspielt. Dabei nähert sich der Helfer dem Hund, der, wieder allein auf sich gestellt, angebunden ist, ohne ihn zu bedrohen. Der Helfer täuscht sogar Freundlichkeit vor. Ist er bis auf ca. 2 Meter an den Hund herangetreten (kritische Distanz), führt er einen Scheinangriff auf den Hund aus, wobei er ihm nötigenfalls auch einen mehr oder weniger starken Schmerz zufügt. Zeit der Hund Wehrverhalten, weicht der Helfer erschrocken etwas zurück, zeigt sich einen Augenblick beeindruckt und deutet erneut, aber etwas ängstlicher, einen Scheinangriff an. Zeigt der Hund vermehrt Wehrverhalten, flieht der Helfer aus der Sichtweite.

Ich erklärte im theoretischen Teil schon, daß neben dem Drohen die offene Aggression Wehrverhalten (Vorsicht! auch Meideverhalten)

Wehrtriebförderung

1 2

Der Scheinangriff. Bild 1–2 zeigen den Hund etwas überfordert (die Leine hängt durch), da der Helfer zu selbstsicher auf den Hund zugeht. Leichtes Zurückweichen des Helfers in Bild 3 sichert den Hund sofort, die Leine strafft sich. Bild 4 zeigt den ängstlichen Scheinangriff, den der Hund sicher kontert. Dieses Bild täuscht aus dieser Perspektive etwas, denn der Hund kommt nicht zum Beißen, der Helfer greift nicht wirklich an. In Bild 5 bestätigt der Helfer den Hund im Wehrverhalten.

5

hervorrufen kann. Die massivste Form der Wehrtriebförderung, bei der nur ältere (frühestens mit fünfzehn bis achtzehn Monaten) Hunde selbstsicher kontern, ist der tatsächliche Angriff des Helfers auf den Hund. Der Helfer nähert sich wie vorher dem Hund, führt nun aber keinen Scheinangriff aus, sondern greift tatsächlich den Hund an. Es bietet sich an, mit der Schutzhose bekleidet, den Hund „dosiert" seitlich in die Oberarmmuskulatur zu treten, um ihm die Möglichkeit zu geben, in die Schutzhose zu beißen. Hat der Hund zugebissen, versucht der Helfer sofort zu fliehen, indem er zappelnd das Bein wegzuziehen versucht. Sobald der Hund abrutscht, flieht der Helfer in panischer Angst aus der Sichtweite. Der Hundeführer eilt zum Hund, lobt ihn und führt ihn weg.

Durch die Wehrarbeit wird der Helfer zum ständigen Bedroher für den Hund, und der Hund wird jedesmal, wenn er den Helfer sieht, eine hohe nervliche Belastung empfinden. Es ist wichtig, wenn man diese

3   4

„Gereiztheit" erhalten will, daß der Hund in der Gegenwart des Helfers nur angeleint oder bei Fuß geführt wird. Von nun ab übernimmt auch der Hundeführer eine wichtige Rolle beim Schutzdienst, denn er muß dem Hund nun durch Unterordnung klarmachen, wann der Hund Wehrverhalten gegenüber dem Helfer zeigen darf und wann nicht, damit aus dem Hund kein überreiztes Nervenbündel wird. Bei manchen Hunden habe ich schon sehr negative Begleiterscheinungen beobachtet. Nach massiver Wehrtriebförderung keiften sie jeden an, der sich ihnen frontal näherte. Dieses kann der Hundeführer jedoch sehr schnell unterbinden, indem er den Hund in seine Schranken weist; dabei wird der Hund lernen zu differenzieren, in welchen Situationen Wehrverhalten erlaubt ist und wann es nicht angebracht ist. Da wir alle den normalerweise umgänglichen Hund haben wollen, ist es günstig, den Hund bei solchen Vorkommnissen kurz zu disziplinieren und ihn anschließend abzuleinen, damit der Fremde ihn begrüßen kann.

C. Kanalisierung von Wehrverhalten in Beutetrieb

Wir alle wissen, daß wild um sich keifende Hunde zu recht abqualifiziert werden, deshalb ist es wichtig, daß der Hund lernt, sein Wehrverhalten richtig einzusetzen. Dem Hund muß beigebracht werden, daß er seinen Wehrtrieb einsetzt, um seinen Beutetrieb zu befriedigen.

Verhaltenstheoretisch erklärt, läuft folgender Prozeß ab: Spezifische Triebenergien werden gestaut und ihr Abfluß in eine natürlicherweise gar nicht in die Situation passende Handlung als Entlastungsreaktion – auch künstlicher Übersprung genannt – kanalisiert.

Wehrtriebförderung

Angriff auf den Hundeführer. Die Leine des Hundeführers bleibt gestrafft. Nach dem Anbiß des Hundes fördert der Helfer den Hund, indem er ängstlich versucht zu flüchten. Dabei strampelt der Helfer nach rückwärts, wenn der Hund frontal beißt.

Der Angriff auf den Hund. Bild 1 zeigt selbstsicheres Wehrverhalten, welches in Bild 2 erst einmal vom Helfer durch Zurückweichen bestätigt wird (sehr wichtig!). Bilder 3–5 zeigen den Angriff des Helfers, den der Hund kontert. Bilder 6–7 zeigen die Bestätigung durch den Helfer, der ängstlich zu fliehen versucht.

Praktisch angewandt sieht dieser Prozeß so aus, daß der Hund im Wehrtrieb gereizt wird, und während er vom Hundeführer festgehalten wird, staut sich die Wehrtriebenergie auf. Der Helfer läßt ihn dann beißen und Beute machen.

Nach der Wehrtriebförderung erfolgt die Triebförderung also auf eine andere Weise als vorher. Von nun ab wird der Hund mehr durch Wehrtriebreize gereizt, also durch Drohen, Scheinangriff oder auch Angriff. Außerdem wird der Hund jetzt nicht mehr ausschließlich in der

Wehrtriebförderung

Beutesituation gearbeitet (Hund hinter dem Helfer, Helfer zieht an der Beute), sondern der Hund wird beim Beißen vor den Helfer geholt und bedroht. Kontert der Hund auf Belastungen physischer oder psychischer Art, wird er im Beutetrieb bestätigt. Er erkämpft sich durch das Kontern den Ärmel und darf ihn wegtragen. Ganz wichtig ist auch bei dieser Übungsform, daß Wehrreaktionen des Hundes nicht ignoriert werden, damit der Hund nicht verunsichert wird. Zumindest die Belastung muß mit dem Kontern des Hundes aufhören und die Beute in der Beutesituation tot sein, d. h., der Arm darf nicht gespannt gehalten werden. Zwar kann ein Helfer bei einem selbstbewußten Hund erneut versuchen zu kontern, aber das Kontern muß ein ständiges Wechselspiel zwischen Helfer und Hund sein.

    Zusammenfassend möchte ich erwähnen, daß die Wehrtriebarbeit den entscheidenden Vorteil bringt, daß der Hund ständig aktivierbar ist (vergleiche Wehrtrieb im theoretischen Teil) und der Helfer als Person den Hund reizt. Die große Gefahr der Wehrtriebförderung liegt darin,

Die Mutprobe. Ein im Wehrtrieb durchgearbeiteter und entsprechend veranlagter Hund sucht sich bei der Mutprobe nicht erst den Ärmel, obwohl er in der Regel in den Ärmel beißt, wenn dieser günstig erreichbar ist.

daß mit ihr auch immer das Meideverhalten angesprochen wird. Nur der Hund, der von Natur und Entwicklung die nötigen Grundlagen mitbekommen hat, übersteht diese Arbeit schadlos, sichert sich ab und wird dadurch besser.

III. Ausbildung

A. Die Verbellübung

Das Verbellen wird am zweckmäßigsten auf der Grundlage des Beutetriebs erarbeitet. Der Hund soll lernen, daß er durch Bellen einen im Versteck stehenden Helfer aufscheuchen kann, so daß er Beute machen kann. Der Hund lernt dabei eine gezielte Handlung, um sein Triebziel zu erreichen, das Bellen bekommt deutlichen Aufforderungscharakter. Wird

Ausbildung

66

Die Verbellübung

Die ersten Verbellübungen an der Leine. Der Helfer reizt den Hund im Beutetrieb (1–2), während der Helfer zum Versteck läuft, wird der Hund mit dem Hörzeichen „Voran" hinterhergeschickt (2–3), der Hundeführer läßt den Hund bis dicht vor den Helfer und gibt ihm einen Leinenruck (4–6), der Hund bellt und scheucht dabei die Beute hoch (6), der Hund bekommt Leine, wenn er zum Beißen gelangt (7), der Hund wird bestätigt und darf tragen (8–10).

Ausbildung

mit einem Hund, der wehrtriebmotiviert beißt, das Verbellen geübt, muß der Gegenspieler des Wehrverhaltens, das Meideverhalten, aktiviert werden. Der Hund gerät in einen Triebkonflikt (siehe theoretischen Teil) mit höchster nervlicher Belastung. Tiefergehende Verunsicherungen und größere Härten sind kaum vermeidbar. Alle möglichen ungezielten Ersatzhandlungen (Bellen, Markieren, Scharren, Gähnen, Herumlaufen) sind häufig die zwangsläufige Folge, und aufgrund der forcierten Streßsituation ist die Lernfähigkeit der Hunde erheblich eingeschränkt. Bei guten Hunden wird diese Übung dann meist zum Problem, weil die Provokation von Meideverhalten zwangsläufig das Wehrverhalten stärker aktiviert. Dies ist auch der Grund, weshalb die Verbellübung eingeübt werden soll, wenn der Hund noch nicht zu stark im Wehrtrieb entwickelt worden ist. Methodisch kann man folgendermaßen vorgehen:

1. *Sperren durch Leine*

Der Hundeführer hält seinen Hund an der Leine, der Helfer reizt den Hund an und läuft zum Versteck. Er stellt sich vor das Versteck, so daß er vom Hund gesehen wird, verhält sich ruhig und hält den Ärmel seitlich am Körper. Sobald der Helfer ca. 5 Meter vor dem Versteck ist, schickt der Hundeführer den Hund mit dem Hörzeichen „voran" an der Leine hinterher, läßt ihn jedoch nicht ganz bis zum Helfer. Der Hund wird versuchen, Beute zu machen, dieses verwehrt ihm der Hundeführer, indem er ihn an der Leine festhält. Der Hund steht jetzt in strammer Leine, dabei schnürt er sich mit dem Halsband die Atemwege zu, so daß er nicht bellen kann. Deshalb muß der Hundeführer die Leine langsam nachgeben. Versucht der Hund, den Helfer anzugreifen, bekommt er einen Leinenruck und das Hörzeichen „voran", die Leine wird darauf sofort wieder gelockert. Im Augenblick des Leinenrucks beginnt der Helfer, durch Einnehmen von Körperspannung und Andeuten von Fluchtverhalten („ängstliches Körperzittern") den Hund erneut zu reizen. Der Hund wird durch kurze Leinenrucke davon abgehalten, Beute zu machen. Durch die Beutetriebappetenz und durch das Reizen steht der Hund unter nervlicher Anspannung, die sich durch irgendwelche Ersatzhandlungen abreagieren muß. Sobald er die Ersatzhandlung „Bellen" (wenig Lautgeben oder Fiepen reicht anfangs) zeigt, kann er sein Triebziel erreichen. Mit dem ersten Bellton reißt der Helfer den Ärmel vor dem Körper hoch, und der Hund darf zubeißen, bekommt die Beute und darf sie wegtragen. Dabei hat der Hundeführer darauf zu achten, daß der Hund keinen Leinenruck bekommt, wenn er in den

Ärmel schießt. Schon nach wenigen Übungen hat der Hund begriffen, daß das Bellen zum Triebziel führt, und er wird diese Handlung sehr bald gezielt einsetzen. Diese Übung sollte allerdings nicht öfter als einmal wiederholt werden, weil das Bellen dem Hund schwerfällt, wenn er konditionell schwächer wird. Außerdem hat es sich bewährt, anschließend noch eine Angriffsübung durchzuführen, damit der Hund gleich die Situationen zu unterscheiden lernt. Außerdem möchte ich schon hier erwähnen, daß die Verbellübung wesentlich weniger geübt werden sollte als die Angriffsübung. Nur bei wirklich gutem Angriff darf die Verbellübung geübt werden.

Längeres Bellen an der Leine. Die Leine muß locker durchhängen.

2. *Sperren durch den Helfer*

Hat der Hund gelernt, das Bellen als gezielte Handlung einzusetzen, um sein Triebziel zu erreichen, wird er frei zum Verbellen geschickt. Der Hundeführer hält seinen Hund am Halsband fest, und der Helfer reizt ihn wieder kurz an. Dann läuft er wieder zum Versteck und postiert sich davor. Hat der Helfer das Versteck fast erreicht, schickt der Hundeführer seinen Hund frei mit dem Hörzeichen „voran" wieder hinterher. Jetzt verwehrt der Helfer dem Hund die Beute, indem er sie mit dem Körper abschirmt. Als geeignet erweist sich hier ein Dreiecksversteck, so daß der Helfer den Arm hinter dem Körper verstecken kann. Durch leichtes Abblocken des Hundes mit dem Körper oder den Knien und gleichzeitigem Reizen ist aus dem Hund sehr schnell wieder das zum Erfolg führende Bellen hervorzulocken. Sobald der erste Bellton kommt, reißt der Helfer wieder den Ärmel vor die Brust, und der Hund kann durch Zubeißen und Runterziehen der Beute sein Triebziel erreichen, er darf sie wegtragen und wird angeleint.

Ausbildung

Verbellen. Durch Reizen (das leider in diesen Bildreihen nicht zu beobachten ist) zieht der Helfer beim Verbellen den Hund dicht an sich heran. Der Hund springt den Helfer an, fordert dabei durch Bellen die Beute und wird sofort bestätigt.

Durchbrechen lassen

Sperren durch den Helfer. Zwischen Lichtmast und Körper verbirgt hier der Helfer die Beute. Durch die Reiztätigkeit des Helfers baut er den Hund vor sich auf, dieser bellt und scheucht sofort die Beute hoch, beißt zu, und der Helfer bestätigt den Hund durch Abstreifen des Ärmels.

3. Durchbrechen lassen

Wenn man die o.a. Übung einige Male hintereinander konsequent übt, wird der Hund sehr schnell nicht mehr angreifen, sondern gleich bellen. Dies halte ich nicht für optimal, denn der Hund soll beim Verbellen schon richtig anfangen zu kämpfen. Je länger man den Hund in dieser Phase in der Ungewißheit läßt, ob er bellen muß oder gleich angreifen kann, desto druckvoller wird er zu verbellen lernen. Deshalb bringe ich Hunden das Verbellen nicht in vier Übungsstunden bei, was sicherlich möglich wäre, sondern ich dehne diesen Lernprozeß absichtlich auf einige Monate aus. Wenn der Hund gerade Anzeichen macht, nicht mehr gleich anzugreifen, reize ich ihn so sehr und gebe ihm die entsprechende Möglichkeit, daß er durchbrechen kann. Er wird dann ebenso bestätigt, als wenn er vorher gebellt hätte. Außerdem bietet es sich an, eine Angriffsübung in der Form durchzuführen, daß der Hund gerade zum Beißen kommt, wenn der Helfer das Versteck erreicht hat. Dadurch lernt der Hund gleich zu differenzieren, daß nicht das Beißen im Versteck tabuisiert wird, sondern daß der stehende Helfer verbellt werden muß. Man ist oft überrascht, was der Hund alles lernt; häufig lernt er Dinge, die wir gar nicht beabsichtigen!

4. Abwehr

Bevor diese Übung gearbeitet wird, bietet es sich an, den Hund etwas im Wehrtrieb bezüglich der Beute zu arbeiten. Nach dem Wahlspruch „etwas wehren spornt das Begehren" erfüllt diese Übung dann zwei Ziele; der Hund wird in der Verbellübung gearbeitet und erfährt dabei gleichzeitig Wehrtriebförderung, was häufig nach anfänglichen, leichten Unsicherheiten zu verstärktem Griff und intensiviertem Beutemachen führt. Das Meideverhalten wirkt sich hier insofern nicht schädlich aus, weil der Hund schon vorher gelernt hat, wie er sich am Versteck erfolgreich verhalten kann.

Der Hund wird wieder frei zum Verbellen geschickt, der Helfer hält den Ärmel jetzt seitlich vor der Hüfte und verhält sich ruhig. Beißt der Hund in den Ärmel, schlägt ihn der Helfer mit der Faust wieder aus dem Ärmel und beginnt sofort, wieder leicht zu reizen. Bellt der Hund, darf er sofort beißen, der Helfer gibt den Ärmel nicht gleich hin, sondern simuliert eine tote Beute (Arm locker), zieht den Hund dann in die Wehrtriebposition (vor dem Körper), deutet erneut eine Schlagbewegung an, streichelt aber nur den Kopf und gibt beim Kontern die Beute hin. Durch diese Maßnahme überbrückt der Helfer sofort die eventuell aufgekommene Unsicherheit vor der Schlaghand.

5. Abbau von Hilfen und Üben zusätzlicher Schwierigkeiten

Nachdem der Hund wenige Male eine Abwehr erfahren hat, ist die Verbellübung praktisch eingeübt. Der Hund hat sich das Verbellen als eine Kampftechnik zu eigen gemacht, die er, ohne unsicher zu sein, am Versteck einsetzt, um den Helfer zu fordern. Auch diese Übung wird zweckmäßigerweise nicht gleich zu konsequent geübt; es bietet sich auch hierbei wieder an, den Hund ab und zu gleich im Versteck beißen zu lassen. Hat man die Gewißheit, daß der Hund sich die Kampftechnik des Verbellens zu eigen gemacht hat, werden Hilfen abgebaut, kleine Varianten geübt und das Verbellen ausgedehnt. So wird das Reizen des stehenden Helfers nach und nach geringer und erfolgt nur noch bei schwächerem Verbellen; oder der Helfer hält zur Abwechslung den Ärmel waagerecht vor dem Körper. Auch das Herankommen des Hundeführers wird geübt, indem der Hundeführer neben den Hund tritt, ihn kurz streichelt und wieder zurücktritt. Bricht der Hund dabei durch, kann nun der Hundeführer den Hund bestrafen, indem er ihn kurz in die Halskrause faßt und schüttelt; er läßt den Hund sofort wieder los, und der Helfer provoziert das Verbellen. All diese Varianten bleiben Ausnahmen, normalerweise darf der Hund nach dem Verbellen beißen. Auch ist es falsch, den Hund immer möglichst lange verbellen zu lassen. Selbst wenn der Hund ein sicherer Verbeller geworden ist, muß der Helfer ihn ab und zu sofort nach dem ersten Bellton beißen lassen.

Das Reizen des stehenden Helfers sollte in der Form geschehen, daß der Hund noch klar erkennen kann, daß der Helfer stillsteht. Körperspannung, leichtes Zittern im Schultergürtel und Zischlaute reichen vollends aus und verwischen nicht die Situation. Jeder Helfer sollte einmal eine Katze beobachten und von ihr lernen, wie sie, in die Enge getrieben, einen Hund auf Distanz hält.

B. Die Aus-Übung

Die meisten Hunde, die nicht auslassen, tun dies deshalb nicht, weil sie Angst vor der Situation haben, die danach kommt. Da sie nicht gelernt haben, wie sie sich nicht beißend am Helfer verhalten können, stellt diese Situation eine extreme Nervenbelastung dar, der sie lieber aus dem Wege gehen, indem sie gar nicht erst auslassen. Die wenigsten Hunde lassen aufgrund ihres starken Kampftriebes nicht aus, bei ihnen hat meist der Hundeführer nicht genügend Autorität, weil er zu inkonsequent arbeitet.

Ich halte es für sinnvoll, dem Hund beizubringen, nach dem Auslassen zu verbellen, weil einerseits der Hund diese Verhaltensweise schon beherrscht und er andererseits nicht abreagierte Aggressionen bellend ausgleichen kann. Er gerät dadurch nicht in einen Triebstau, der ihn wieder durchbrechen läßt, denn dieses Verbellen des stehenden Helfers ist für ihn mittlerweile zur gezielten Kampfhandlung geworden.

1. Auslassen an der toten Beute

Das Hörzeichen „Aus" verdeutlicht der Hundeführer dem Hund an der eroberten Beute. Wenn z. B. der angeleinte Hund nach der Angriffsübung den Ärmel getragen hat, hält ihn der Hundeführer an und gibt in dem Augenblick, in dem der Hund den Ärmel ohnehin fallen lassen will, das Hörzeichen „Aus". Hat der Hund abgelassen, lobt ihn der Hundeführer, wobei er den Hund nicht erneut in den Ärmel beißen läßt. Der Helfer verhält sich dabei passiv. Dann nimmt der Hundeführer den Ärmel und wirft ihn dem Helfer zu; der Schutzdienst geht weiter. Hat der Hund das Hörzeichen „Aus" gelernt, gibt der Hundeführer das Hörzeichen schon früher. Nachdem der Hund getragen hat, sagt der Hundeführer „Aus", bevor der Hund den Ärmel selbständig fallen läßt. Anfangs gibt der Hundeführer dabei nur schwachen Zwang, indem er das Hörzeichen mit Nachdruck wiederholt, später wird der Zwang bis zum Leinenruck erhöht, ohne daß das Hörzeichen wiederholt wird. Als günstig hat es sich erwiesen, wenn der Hundeführer mit einem Fuß auf den Ärmel tritt und mit beiden Händen den Leinenruck ausführt. Hat der Hund ausgelassen, wird er in aller Ruhe gelobt. Der Helfer bleibt passiv und wartet, bis ihm der Hundeführer den Ärmel zugeworfen hat. Auch bei dieser Übungsform ist es angebracht, nicht gleich zu massiv und konsequent zu arbeiten, damit der Hund nicht schon in der Beißphase unsicher wird. Außerdem sollte der Zwang nicht unmittelbar mit dem Hörzeichen gegeben werden, sondern etwa eine Sekunde später, damit der Hund die Möglichkeit zum Gehorchen hat. Läßt der Hund schließlich auf das Hörzeichen hin aus, kann die Übung am Helfer gearbeitet werden.

2. Im Versteck mit Leine

Der Hundeführer hält seinen Hund an der Leine, und der Helfer läßt ihn beißen. Er versucht, dem Hund die Beute zu entziehen, indem er ins Versteck läuft. Im Versteck läßt der Helfer Ruhe einkehren, nimmt den Ärmel seitlich vor, und der Hund darf sich abreagieren. Nach kurzer Pause gibt der Hundeführer das Hörzeichen „Aus" und bei Ungehorsam Zwang in Form eines Leinenrucks. Sobald der Hund abgelassen hat, ist die typische Verbellsituation gegeben: der stehende Helfer reizt den Hund und provoziert dadurch das Verbellen, während der Hundeführer durch Leinenrucke den Hund am Angriff hindert. Beim ersten Bellton reißt der Helfer den Ärmel vor die Brust, der Hund darf beißen und bekommt die Beute. Der Hundeführer lobt seinen Hund und läßt ihn den Ärmel tragen. Bei der Zwangseinwirkung muß der Hundeführer etwas Fingerspitzengefühl beweisen. Ebenso wie bei der Verbellübung an der Leine sollen die Leinenrucke nur so stark wie nötig, andererseits so schwach wie möglich sein, um den Hund nicht ganz und gar ins Meideverhalten zu zwingen.

3. *Im Versteck ohne Leine*

Benötigt der Hund keinen Zwang mehr beim Auslassen, sondern läßt er auf das Hörzeichen hin aus, und fängt er prompt zu bellen an, wird die vorhergehende Übung ohne Leine gearbeitet. Mit dem Hund wird also die Angriffsübung praktiziert, der Helfer zieht den Hund zum Versteck, läßt Ruhe einkehren, und nach kurzer Pause gibt der Hundeführer das Hörzeichen „Aus". Es bietet sich auch an, diese Übung mit einem Angriff in das Versteck zu kombinieren. Da der Helfer deutlich am Griff merkt, wann der Hund bereit ist auszulassen, gibt er dem Hundeführer zweckmäßigerweise ein Zeichen, wann er „Aus" zu sagen hat. Hat der Hund abgelassen, reißt der Helfer den Arm hinter den Rücken und sperrt so die Beute. Der Hund wird sofort etwas in den Helfer hineinspringen und, da er abgeblockt wird, zu bellen anfangen. Jetzt ist wichtig, daß der Helfer den Hund dann bestätigt, wenn er möglichst sitzend den Helfer anbellt. Diese Sitzposition nehmen viele Hunde von selbst ein, weil es eine Art Lauerstellung ist. Je gespannter der Hund in dieser Situation ist, was ja wesentlich durch die Helfertätigkeit beeinflußt wird, und je mehr der Hund dabei beutetriebmotiviert ist, desto lauernder wird er sich vor dem Helfer verhalten. Werden die Lerngesetze der instrumentellen Konditionierung konsequent angewandt, lernt der Hund sehr schnell, wie er sein Triebziel erreichen kann. Ich halte es für zweckmäßig, den Hund vor dem Helfer nicht herumtanzen zu lassen, weil er dann seine Energien eher in Bewegung als in Bellen umsetzt. Zu beachten ist hierbei jedoch die Eigenart eines jeden Hundes; wenn ein Hund zum Springen neigt und dabei bellt, würde ich dieses Verhalten nicht versuchen zu ändern.

Hat der Helfer schließlich ein aufforderndes Bellen erreicht und braucht er den Hund nicht weiter durch Reizen und Abblocken zu beeinflussen, damit er nicht mehr herumtanzt, bleibt der Helfer nach dem „Aus" ruhig stehen. Jetzt wird ebenso wie beim Verbellen das Herantreten des Hundeführers geübt. Merkt der Helfer, daß sich der Hund durch irgend etwas ablenken läßt, wird er je nach Ausbildungsstand in der Triebförderung entweder den Hund beißen lassen (Beutebeißen), oder er unternimmt einen Angriff auf den Hund (Wehrtrieb!).

Ausbildung

4. Ohne Rückendeckung

Verhält der Hund sich lauernd und bellend vor dem Helfer und kann der Hundeführer herantreten, ohne daß sich der Hund ablenken läßt, wird auf die Rückendeckung durch das Versteck verzichtet.

Ganz allgemein ist zu der Ausübung zusammenfassend zu sagen, daß der Hundeführer durch Zwang das Auslassen zu überwachen hat. Ganz gleich, ob der Zwang durch eine Leine (lang oder kurz) oder durch Schütteln in der Halskrause erfolgt („Fluggeschosse" sind ungeeignet, da sie ablenken), er wird nur ganz kurz eingesetzt, anschließend muß sich der Hund wieder frei vor dem Helfer aufbauen können. Eine Abwehr durch den Helfer würde ich insofern nicht für gut ansehen, weil der Hund in diesem Stadium schon im Wehrtrieb gearbeitet wurde und er dadurch eigentlich im Selbstbewußtsein gefördert werden sollte, d. h., auf Belastungen durch den Helfer müßte er dann schon kontern.

Auslassen mit Rückendeckung. Der Helfer geht ins Versteck, während der Hund beißt. Er läßt Ruhe einkehren, das Hörzeichen „Aus" erfolgt, und der Hund beginnt eventuell mit Helferhilfen zu bellen. Der Hundeführer tritt heran, lobt seinen Hund, ohne ihn zu stören und geht wieder weg. Der Hund wird bestätigt.

Der Helfer hat sich ganz auf den Hund zu konzentrieren, wenn er bereit ist auszulassen, gibt er dem Hundeführer das Zeichen. Anschließend sorgt er dafür, daß der Hund auf Spannung bleibt (so wenig Hilfen wie möglich!). Zeigt der Hund das gewünschte Verhalten, wird er durch „Beutebeißen", Ärmel erkämpfen und Wegtragen bestätigt. Der Helfer handelt völlig eigenständig; selbst wenn das Herantreten des Hundeführers geübt werden soll, kann der Helfer den Hund schon bestätigen, wenn der Hundeführer noch nicht neben dem Hund steht, z. B. wenn er merkt, daß der Hund sich durch irgend etwas ablenken läßt. Sobald der Hund die Ausübung beherrscht, würde ich später immer, wenn der Hund nach Prüfungsordnung geführt wird, neben den Hund treten, ihm „Sitz" sagen und den Helfer zurücktreten lassen, damit der Hund sich gar nicht erst angewöhnt, sich nach dem Hundeführer zu orientieren.

Ausbildung

78

Ohne Rückendeckung

Diese Bildreihe enthält noch einmal die wichtigsten Bestandteile einer Beißphase bei einem Hund, der die Ausbildung bis hierher durchlaufen hat. Einholen und konsequenter hoher Angriff (1–2), der Helfer fängt den Hund ab und dreht sich heraus (Beutebeißen) (3–4), der Helfer kontert den Hund und läßt sich durch die Gegenwehr beeindrucken (Wehrtriebförderung) (5–6), es kehrt Ruhe ein (7–8), der Hundeführer hat das Hörzeichen „Aus" gegeben (9), der Hund verbellt (10).

C. Das Revieren

Das Revieren wird dem Hund erst nach der Schutzhundprüfung I beigebracht. Es gliedert sich wie alle Übungen in einen Lern-, einen Triebförderungs- und einen Unterordnungsabschnitt. Das Revieren kann einem Hund nur auf einem Platz beigebracht werden, auf dem er „klare Fronten" hat: d.h. auf einem Übungsplatz, auf dem alles mit Geräten und Hürden vollgestellt ist, kann ein Hund kein klares Revieren lernen. Eine Wiese und transportable Verstecke sind die besten Voraussetzungen für eine erfolgreiche Arbeit. Der Hund muß die Verstecke als klare Anlaufpunkte ausmachen können.

1. Verstecke klarmachen

Der Hund muß lernen, daß er – zum Schutzdienst geführt – den Helfer in einem Versteck findet, wo er ihn durch Bellen aufscheuchen kann. Günstig ist es, wenn der Hundeführer durch irgendwelche Reize den Hund zum Schutzdienst „einstimmt", so daß der Hund bereits bei Fuß die Situation erkennt. Manche Hundeführer tun dies durch schärfere Hörzeichen oder Zwang, anderen gelingt es durch Hörzeichen wie „paß auf" und ähnliches, den Hund in Spannung zu bringen, wenn er die Situation nicht bereits erkannt hat. Hier können wir vielleicht etwas von den Springreitern lernen, auch sie „versammeln" ihre Pferde, bevor sie auf den Parcours gehen. Spult der Hundeführer immer die gleichen „Rituale" ab, wenn er den Hund zum Schutzdienst führt, wird der Hund nach den Lerngesetzen der klassischen Konditionierung die entsprechende Appetenz aufgrund der „Rituale" empfinden.

Als erstes ist dem Hund klarzumachen, daß der Helfer immer in den Verstecken steht, auf die der Hundeführer zeigt. Dazu gehen der Hundeführer und sein Hund auf die Höhe des Versteckes, in dem der Helfer steht. Der Hundeführer hält seinen Hund am Halsband, macht Front in Richtung Versteck, streckt den Arm in diese Richtung aus und orientiert seinen Hund zum Versteck. Der Helfer tritt aus dem Versteck hervor, reizt den Hund kurz an und springt wieder zurück. Im gleichen Augenblick bekommt der Hund das Hörzeichen „voran" und wird frei zum Verbellen geschickt. Die Aufgabe des Helfers ist es nun, den Hund durch Reizen und Abblocken sofort ins Verbellen zu bringen, so daß er möglichst die gewünschte Verbellposition einnimmt. Ist der Hund ein sauberer Verbeller, was man in diesem Stadium annehmen sollte, bietet es sich an, den Hund mehr durch Wehr- als durch Beutereize zu motivieren, damit er unter hoher Spannung steht, wenn er zum Verbellen geschickt wird, und demzufolge prompt ins Verbellen kommt. Dabei muß der Helfer mit angedeutetem Fluchtverhalten reagieren, wenn der Hund zu bellen anfängt, d. h., er zeigt Unsicherheit. Selbstverständlich werden diese Hilfen im Laufe der Ausbildung sobald als möglich wieder reduziert. Hat der Hund kurz gebellt, darf er beißen und wird im Beutetrieb bestätigt; er kann sich den Ärmel erkämpfen und darf ihn wegtragen.

Bei dieser Arbeit ist stets darauf zu achten, daß sie nur so oft während einer Übung wiederholt wird, wie der Hund frisch und konditionell in der Lage dazu ist. Weiterhin sollen laufend verschiedene Verstecke benutzt werden. Auch ist es falsch, den Hund immer möglichst lange bellen zu lassen. Nach längerem Verbellen muß der Hund auch wieder nach dem ersten Bellton beißen dürfen. Es bietet sich an, das Verbellen überhaupt nicht so auszudehnen, sondern den Schwerpunkt des Übens beim Revieren zu belassen.

2. *Vertrauen geben, bis der Hund zügig reviert*

Hat man die o. a. Übung einige Male geübt, wird der Hund, ohne den Helfer gesehen zu haben, zu dem Versteck geschickt, in dem der Helfer steht. Der Hundeführer hält seinen Hund wieder am Halsband und orientiert ihn zum Versteck. Erst wenn der Hund das Versteck deutlich anvisiert, gibt der Hundeführer das Hörzeichen „voran" und schickt den Hund, wobei er im Bedarfsfall einige Schritte mitläuft. Läuft der Hund nicht zügig hin, gibt der Helfer entsprechende Reize. Das Helferverhalten am Versteck bleibt das gleiche wie in der vorherigen Übung, er hat unbedingt darauf zu achten, daß der Hund sofort ins Verbellen kommt, obwohl der Helfer andererseits bestrebt sein muß, die ganz normale Prüfungssituation zu erreichen. Jedoch schon KONRAD MOST schränkte ein: „Das Endziel beim Abrichten ist, sämtliche Übungen möglichst dem Ernstfall anzupassen. Ergeben Ernstfallübungen bei Wiederholungen jedoch unerwünschte Verknüpfungen im Sinne des Abrichteziels, so dürfen sie nur ausnahmsweise vorgenommen werden." Bei triebstarken Hunden ist dies jedoch meist kein Problem, sie haben gelernt, wie sie ihr Triebziel in dieser Situation erreichen können, und fordern sehr schnell und anhaltend die Beute durch Bellen.

Bei dieser Phase kommt es nun darauf an, daß der Hund Vertrauen darin bekommt, daß der Hundeführer ihn immer ins richtige Versteck schickt und daß er erkennt, wohin der Hundeführer zeigt. Dieser muß dabei dem Hund auch beibringen, frei bei Fuß zu sitzen, während er den

Ausbildung

Hund auf das Versteck ausrichtet, erst auf das Hörzeichen „voran" darf der Hund loslaufen. Der Hundeführer achte außerdem darauf, daß er den Hund erst schickt, wenn er das Versteck angenommen hat. Auf keinen Fall darf der Hund lernen, daß er eigenständig irgendwohin laufen darf. Da wir aber bei dieser Phase möglichst Zwang vermeiden wollen, ist der Hund erst zu schicken, wenn der Hundeführer die Gewißheit hat, daß er auch tatsächlich zum gewünschten Versteck läuft.

    Diese Übung sollte sehr lange praktiziert werden, um dem Hund die Lernerfahrung zu geben, daß er erfolgreich reviert, wenn er die Zeichen des Hundeführers beobachtet und befolgt. Selbst wenn der Hund schon fiebernd bei Fuß sitzt und darauf wartet, daß er vom Hundeführer entlassen wird, selbst wenn er schon das Versteck ausmacht, sobald der Hundeführer sich zum Versteck dreht, schon bevor er die Hand gehoben hat, ist diese Übung noch lange zu üben, weil der Hund, nachdem er die Zeichen des Hundeführers gelernt hat, auch noch trieblich gefördert werden soll, damit er sich ein zügiges Revieren angewöhnt.

3. Einüben des Abrufens

Erst wenn die vorangegangene Übung den Zielvorstellungen entspricht, kann das Abrufen geübt werden. Dazu geht der Hundeführer in die Nähe eines Versteckes, richtet sich und seinen Hund auf das gegenüberstehende, leere Versteck aus und schickt den Hund, sobald dieser das Versteck ausgemacht hat, mit dem Hörzeichen „voran" zum leeren Versteck. Sobald dieser das Versteck erreicht hat, lobt er den Hund und ruft ihn zurück. Der Hundeführer darf kein Ausbrechen des Hundes dulden; wenn der Hund ungehorsam ist, wirkt der Hundeführer mit Zwang ein. Weiß man, daß der Hundeführer den Hund schlecht in der Hand hat, bietet sich an, diese und die vorhergehende Übung mit langer Leine zu arbeiten, so daß der Hundeführer oder eine andere Person durch Leinenruck einwirken kann. Hat der Hundeführer seinen Hund gut in der Hand, kann der Hundeführer den Hund durch Zwang in Form von schärferen Hörzeichen zum Appell bringen. Auch kann er den Hund Platz machen lassen, wenn er nicht auf das Hörzeichen des Hundeführers zu ihm zurückkommt. Er geht dann hin, schüttelt den Hund kurz in der Halskrause, läuft zum Ausgangspunkt zurück und ruft den Hund heran. Sobald der Hund zum Hundeführer kommt, wird er gelobt und bei Fuß genommen. Jetzt hat der Hund einige Augenblicke bei Fuß zu sitzen, dann richtet ihn der Hundeführer auf das Versteck aus, in dem der Helfer steht, und schickt ihn zum Verbellen. Bereits bei dieser Übung muß der

Hund lernen, daß er sofort zum Hundeführer zurückkehren muß, wenn er den Helfer nicht in dem Versteck gefunden hat. Es ist wichtig, daß der Hundeführer den Hund immer wieder bei Fuß nimmt, wenn er zu ihm zurückkommt. Hat der Hund das Versteck erreicht und kommt er wieder zum Hundeführer zurück, sollte der Hund immer gelobt werden. Jedes Ausbrechen des Hundes muß im Ursprung unterbunden werden.

Diese Übung sollte im Wechsel mit dem Finden im ersten Versteck geübt werden, wobei das Finden im ersten Versteck häufiger zu üben ist, um dem Hund prinzipiell die Gewißheit zu lassen, daß der Helfer im ersten Versteck steht.

4. Zwangsvoran

Hat der Hund die Verstecke als Anlaufpunkte erkannt, wartet er jeweils darauf, vom Hundeführer entlassen zu werden, und kommt er außerdem noch gehorsam und freudig herein, wenn der Hundeführer ihn vom leeren Versteck abruft, so muß er jetzt lernen, daß er nicht nur beim Hereinkommen gehorsam sein muß, sondern daß er auch beim Schicken die Zeichen des Hundeführers befolgen muß. Das Zwangsrevieren wird zweckmäßigerweise erst einmal auf einem kleinen Platz eingeübt, d.h., die Verstecke stehen nicht weiter als zwanzig Meter auseinander, so daß der Hund zu jedem Versteck vom Hundeführer aus nur ca. 10 Meter zurückzulegen hat. Erstens läßt sich der Hund auf kurze Entfernungen besser lenken, und zweitens wird er ein normales Revierfeld später nicht mit dem Zwang verknüpfen. Selbst wenn der Hund beim Zwangsvoran einmal den Trab statt des Galoppes wählt, wird er auf großem Feld wieder galoppieren. Der Hundeführer geht mit seinem Hund auf die gedachte Mittellinie; der Hund soll nun beobachten, wie der Helfer, ohne den Hund zu reizen, in ein Versteck geht. Der Hundeführer geht mit seinem Hund frei bei Fuß auf die Höhe jenes Versteckes, faßt den Hund am Halsband und richtet ihn auf das gegenüberliegende Versteck aus. Läßt der Hund sich dies nicht gefallen, wird anfänglich schwächer (rucken am Halsband) später stärker (Schütteln in der Halskrause) Zwang ausgeübt, um dem Hund zu zeigen, welches Versteck angesprochen ist. Erst wenn der Hund das leere Versteck annimmt, ist er mit „voran" zu entlassen wobei er einen Halsbanddruck in die vorgeschriebene Richtung bekommt; auch kann der Hundeführer einige Schritte mitlaufen.

Jedes Ausbrechen des Hundes ist mit Zwang zu unterbinden, selbst wenn der Hund schon beim Helfer angelangt ist, darf der Hundeführer ihn in der Halskrause schütteln, ihn bei Fuß nehmen und die Übung wiederholen. Der Hund wird durch Hörzeichen und Sichtzeichen so weit

Ausbildung

Zwangsvoran. Der Hund wird bei Fuß zwischen das Versteckpaar geführt (1), er wird auf das hintere Versteck ausgerichtet (2), er ist geschickt worden (3), der Hund wird gelobt „So ist er brav!" und abgerufen (4), der Hundeführer läßt den Arm unten, um den Hund heranzuholen (5), der Hund kommt dicht zum Hundeführer (6) und wird gleich weitergeschickt (7), am Versteck „nimmt der Helfer den Hund an" und bringt ihn durch Hilfen (reizen und abblocken) ins sitzende Verbellen (8–9). Bei gewünschtem Verhalten wird der Hund bestätigt.

zum Versteck gedrückt, bis er drum herum gelaufen ist. Dabei wird er gelobt und anschließend bei Fuß gerufen. Nach kurzer Pause bei Fuß wird er dann auf das richtige Versteck ausgerichtet und darf auf das Hörzeichen „voran" loslaufen. Wurden die vorherigen Übungen lange genug und mit großer Sorgfalt geübt, ist meist gar kein massiverer Zwang anzuwenden, und der Hund läuft zügig zum leeren Versteck. Hat man dies erreicht, d.h. weiß der Hund, daß er zum angezeigten Versteck laufen muß, auch wenn er weiß, daß dort kein Helfer steht, ist er bei Erreichen des Versteckes zu loben, abzurufen und bekommt, ohne daß er anhalten muß, quasi als Belohnung das Hörzeichen „voran" und darf zum Helfer laufen. Hat der Hund begriffen, daß er diesen Umweg machen muß, um zum Helfer zu gelangen, wird er sich sehr bald schon beeilen, das erste Versteck hinter sich zu bringen, um zum zweiten zu gelangen. Wenn wir jetzt die Übung „Finden im ersten Versteck" und „Finden im zweiten

Ausbildung

Versteck" wieder einige Zeit üben, wird der Hund schon bald sehr zügig die angezeigten Verstecke anlaufen, ohne die negativen Begleiterscheinungen des Zwanges sichtbar werden zu lassen.

Nun muß der Ausbilder einerseits bestrebt sein, die Triebmäßigkeit des Revierens beizubehalten, indem der Hund erfolgreich reviert, d.h., normalerweise findet der Hund in den ersten Verstecken, und andererseits muß er sich den Hund weiter „in die Hand" arbeiten Dies gelingt ihm, indem er dem Hund jedesmal durch Zwang ein Ausbrechen verleidet und indem er den Hund nach jedem Abrufen bei Fuß nimmt.

Häufiges Leer-Schicken sollte der Hundeführer zunächst nur auf kleinem Revierfeld üben und zügiges Kreuzen auf dem abzusuchenden Gelände sollte auch nur ausnahmsweise geübt werden, und zwar nur dann, wenn der Hund sich beim Abrufen ganz dem Hundeführer nähert und von sich aus Anstalten macht, bei Fuß zu kommen. Es bietet sich dabei an, vom ersten zum zweiten Versteck, vom dritten zum vierten und vom fünften zum sechsten Versteck jeweils zügig revieren zu lassen, während der Hund zwischendurch immer wieder bei Fuß zu nehmen ist und auf die Höhe des nächsten Versteckpaares geführt wird, um dort erneut ausgerichtet und geschickt zu werden. Lernt der Hund auf diese Weise, die gegenüberliegenden Verstecke jeweils paarweise abzusuchen, versucht er später gar nicht, direkt vom ersten ins dritte Versteck zu laufen.

Aber dies sind, glaube ich, schon Feinheiten bei der Ausbildung, die den Rahmen dieses Buches sicher übersteigen; denn es sollte sich bei den Ausführungen nur um eine Beschreibung der grundlegenden methodischen Übungsformen und deren Hintergründe handeln. Auch glaube ich, daß kein Helfer nach Lesen dieser Lektüre in der Lage ist, einen Hund im Schutzdienst richtig auszubilden, denn die Körpermotorik des Helfers wurde hier nur in wenigen Stichpunkten verdeutlicht. Trotzdem hoffe ich, daß diese Ausführungen mehr sind als das, was bisher über Schutzdienstausbildung zu lesen war.

Schlußwort

Sicher werden viele Hundeliebhaber darüber lachen, daß man soviel schreibt, um dem Hund einen solchen „Unsinn" beizubringen. Jene verhöhnen auch diese Ausbildungsmethode, weil „der Hund ja doch seinen Herrn nicht beschützt, wenn er durch den Wald geht", andere werden in diesem Buch Nahrung für ihre Argumente finden, in denen sie den Hundesportlern faschistoide und andere Primitivmotivationen unterstellen. Ich will mich an dieser Stelle nicht weiter mit diesem Problem auseinandersetzen; jedoch muß ich zugestehen, daß der Hundesport als Ganzes sich diese Vorwürfe gefallen lassen muß, daß sie aber relativ oberflächlich und undifferenziert sind.

Ich bin der Überzeugung, daß man Hundesport durchaus angemessen betreiben und auch rechtfertigen kann. Für ein Raubtier, wie es ein Schäferhund ist, ist prinzipiell sein Dasein ein armseliges, wenn er nicht die Möglichkeit bekommt, seine Triebmäßigkeiten auszuleben. Auch TRUMLER sagt: „Ein Hund, der keine Möglichkeit hat, etwas zu lernen und seine angeborenen Fähigkeiten auszuleben, der stumpft ab, verkümmert seelisch und ist eine bedauernswerte Kreatur." Wenn wir dem Hund schon nicht die Möglichkeit geben können, sich „natürlich" auszuleben, so können wir doch die gestauten spezifischen Triebenergien in eine „natürlicherweise" gar nicht in die Situation passende Handlung als Entlastungsreaktion bzw. künstlichen Übersprung kanalisieren. Die Ausbildung eines Hundes bietet hier gute Möglichkeiten, den Hund sich abreagieren zu lassen. Wenn einem dann die Auseinandersetzung mit dem Hund Spaß macht und nicht kompensatorische Gründe die Ursache sind, kann man den Hundesport mit ruhigem Gewissen als sein Hobby betrachten. Für alle jene ist dieses Buch geschrieben; ich weiß, daß es wenige sind, aber um so interessanter ist es, mit ihnen über Hundeausbildung zu reden.

Literatur

BRUNNER, F., 1975: Der unverstandene Hund. Melsungen: J. Neumann-Neudamm
EIBEL-EIBESFELDT, I., 1976: Der vorprogrammierte Mensch. München: Deutscher Taschenbuchverlag.
FITTKAU, B., 1976: Reader, pädagogisch-psychologische Grundlagen der Unterrichtung. Pädagogisches Seminar der Universität Göttingen.
HEINZLER, J.: Medizin von heute. Grundriß der physiologischen Chemie. Zweiter Teil, Heft 4. Köln-Mülheim: Troponwerke.
IMMELMANN, K., 1976: Einführung in die Verhaltensforschung. Pareys Studientexte. Berlin und Hamburg: Verlag Paul Parey.
LORENZ, K., 1975: So kam der Mensch auf den Hund. Wien: Verlag Borotha-Schroeder.
LORENZ, K., 1976: Das sogenannte Böse. Zur Naturgeschichte der Aggression. München: Deutscher Taschenbuchverlag.
MOST, K., 1956: Die Abrichtung des Hundes. 13. Aufl. Braunschweig: Verlag Gersbach & Sohn.
STERN, H., 1974: Bemerkungen über Hunde. Reinbek: Rowohlt Taschenbuchverlag.
STEPHANITZ, M. v., 1923: Der deutsche Schäferhund in Wort und Bild. 7. Aufl. Jena.
THEWS, K. H., 1976: Verhaltensforschung die uns angeht. Gütersloh: Bertelsmann.
TRUMLER, E., 1971: Mit dem Hund auf du. München: Piper.
TRUMLER, E., 1974: Hunde ernst genommen. München: Piper.

ANHANG

Die Ausbildung des Jagdgebrauchshundes
Von Heinrich Uhde

Diesem „Buch für Hundesportler" soll als Anhang ein Kapitel über die Nutzung eines Jagdgebrauchshundes als Schutzhund folgen, wobei hier notwendigerweise eine Einschränkung und eine Erweiterung des bislang Ausgeführten erfolgen müssen. Eine schematische Übernahme der Darlegung über „die Ausbildung eines Gebrauchshundes im Schutzdienst" ist nicht möglich.

Einmal haben unsere Jagdhunde im Gegensatz zu den „Gebrauchshunden" (Schäferhund, Boxer, Riesenschnauzer, Rottweiler, Airdaleterrier, Dobermann und Hovawart) einen „Beruf", d. h., sie müssen sozusagen ihren Lebensunterhalt verdienen, während es bei der Ausbildung der Gebrauchshunde zumeist um eine sportliche Liebhaberbeschäftigung geht, also eine Sache, die um ihrer selbst willen betrieben wird. Das bedeutet, daß die Anlagen bzw. Eigenschaften, die einen Jagdhund zu seinem „Beruf" befähigen, in erster Linie der Förderung und Ausbildung bedürfen; nur wenn Veranlagung und Zeit dies erlauben, ist auch die Ausbildung als „Schutzhund" nebenbei eine nützliche Angelegenheit.

Dieser „Jagdschutzhund" nun bedarf wegen seines ursprünglichen „Berufes" und des damit verbundenen Einsatzes in der Praxis einer Ausbildung, die über die nach sportlicher Weise durchgeführte Abrichtung hinausgeht. So sollte der Jagdhund zwar in erster Linie bei der Jagdausübung seinen Herrn frühzeitig vor Fremden im Revier warnen, ihn u. U. zu solchen durch Verbellen rufen und, wenn einmal Not am Mann ist, ihn handgreiflich verteidigen. Er soll aber auch, wenn sein Herr während des Ansitzes ihn im Auto oder beim Rucksack abgelegt hat, diese Gegenstände verteidigen; wie beispielsweise auch ein Stück Schalenwild, das der Hund zu bewachen hat, bis sein Herr mit einem Transportmittel zurück ist. Erweiternd tritt also zum Personenschutz ein Objektschutz.

Dies vorausgeschickt, ist es lohnend, sich zu überlegen, welche der für die Ausbildung des Gebrauchshundes wesentlichen Triebanlagen (vgl.

Die Ausbildung des Jagdgebrauchshundes

Erster Teil, I) bei der Ausbildung des Jagdgebrauchshundes zum Schutzhund im oben skizzierten weiteren Sinne besonderer Beachtung bedürfen.

Der Deutsche Jagdgebrauchshundverband hat im Vorfeld praktischer Forschungen von dazu berufenen Ausschüssen theoretische Vorarbeit leisten lassen. Der sogenannte engere Ausschuß für Verhaltensforschung hat sich neben einer Vielzahl anderer Probleme im Rahmen einer Betrachtung über „Kynologische Begriffe, Definitionen und Erläuterungen" mit der „umstrittenen Schärfe" befaßt. Dazu wird u. a. ausgeführt: „Was ist künftig allgemein unter diesem Begriff zu verstehen? Generell gesehen ist Schärfe die stets gegenwärtige Bereitschaft zur kämpferischen Auseinandersetzung.

Je nach Kampfobjekt unterscheiden wir mehrere Arten von Schärfe:
1. die Wildschärfe,
2. die Raubwild- und Raubzeugschärfe,
3. die Mannschärfe.

Analog dazu gibt es auch noch die Bereitschaft zur Schärfe gegenüber Artgenossen, anderen Tieren oder Ersatzobjekten, was aber nicht Gegenstand weiterer Betrachtung sein soll.

Unter Wildschärfe verstehen wir die Fähigkeit des Hundes, krankes Niederwild zur Strecke zu bringen, Schalenwild je nach Stärke zu stellen, gegebenenfalls auch niederzuziehen und abzutun. Das Jagen an Schwarzwild beweist einen hohen Grad an Wildschärfe.

Raubwild- und Raubzeugschärfe ist die Eigenart des Hundes, Raubwild und Raubzeug bei der Jagdausübung schnell und sicher zur Strecke zu bringen, zumindest aber dieses Wild durch Verbellen so zu stellen, daß es der Jäger erlegen kann.

Mannschärfe ist die Bereitschaft des Hundes zur kämpferischen Auseinandersetzung speziell mit dem Menschen oder auch die Eigenschaft des Hundes, jeder scheinbaren oder auch tatsächlichen Bedrohung durch den Menschen aktiv entgegenzutreten. Sie ist im Gegensatz zur Nutzwild-, Raubwild- und Raubzeugschärfe dem sozialen Bereich zuzurechnen und nicht dem Beutefunktionskreis. Mannschärfe kann bei Vorhandensein der entsprechenden Anlage durch Ausbildung gefördert oder auch, jedoch in weit geringerem Maße, vermindert werden. Beim Dienstgebrauchshund ist Mannschärfe im allgemeinen erwünscht, z. B. als Schutz- und Wachbegleithund. Gänzlich unerwünscht dagegen ist hierbei Wild-, Raubwild- und Raubzeugschärfe, da bei Vorhandensein der Hund von seiner eigentlichen Aufgabe abgelenkt würde. Bei vielen Jagdhunden ist dagegen neben der Wild-, Raubwild- und Raubzeugschärfe auch Mannschärfe vorhanden. Sie ist auch erwünscht bei Ausübung des Jagdschutzes."

Bei der Lektüre dieses Zitates könnte man einen Widerspruch entdecken zu den für den Schutzdienst erforderlichen Triebanlagen, zu denen neben den dem sozialen Bereich zuzurechnenden Anlagen weiterhin der Beute-, der Aggressions- und der Kampftrieb gezählt werden.

Letztere beide sind nicht hinreichend definiert, auch nicht untereinander streng abgrenzbar und enthalten mindestens Berührungspunkte zum Bereich sozialen Verhaltens. Dagegen ist der dem Nahrungsaufnahme- (oder Beutefunktions-) Kreis zuzurechnende Beutetrieb auch nach dem im Hauptteil Ausgeführten nicht eine unabdingbare Voraussetzung für eine kämpferische Auseinandersetzung, sondern die Ausnutzung des Triebes das Vehikel, auf dem das Ziel der sportlichen Schutzhundausbildung sicher erreichbar erscheint.

Nicht gangbar erscheint mir jedoch der Weg, beim Jagdhund über den Beutetrieb zu den eingangs geschilderten Zielen zu kommen. Einmal habe ich bei vielen Hunden, die einen ausgeprägten Beutetrieb besaßen, (Finde-, Spur- und Fährtenwillen sowie Wild- und auch Raubwild- und Raubzeugschärfe) nicht feststellen können, daß sie einen Kampftrieb hatten (s. Ausführungen zum Kampftrieb im Hauptteil).

Zum anderen ist der Beutetrieb der für den Jagdgebrauchshund von allen Eigenschaften „von Berufs wegen" wichtigste, denn alle wildlebenden Caniden müssen ihre Beute finden, verfolgen und zur Strecke bringen um des Überlebens willen, was der Mensch sich für seine jagdlichen Zwecke nutzbar gemacht hat. Bei den domestizierten Nicht-Jagdhunden verliert der Fährtenwille an Bedeutung. Wenn also der Schutzdienst beim Jagdhund auch über den Beutetrieb „aufgebaut" würde, könnte dies u. U. zu einer Kollision mit der Förderung der jagdlichen Anlagen kommen. Zum anderen soll der Jagdhund nicht den Forderungen einer Prüfungsordnung für den Schutzdienst genügen, sondern, wie angedeutet, in der Jagdpraxis bewachen und verteidigen, wobei es nur in den seltensten Fällen wirkliches Zupacken geben wird.

Dazu kommt schließlich, daß aggressives (im unspezifischen Sinne), angriffslustiges Verhalten gegenüber Menschen bei den Jagdhunden in aller Regel dann zu beobachten ist, wenn sie in ihrem sozialen Bereich bedroht werden und den Gegner zum Rückzug veranlassen („Meideverhalten" erreichen) wollen. Da mit dem Jagdhund ja im wesentlichen im Revier unter immer wechselnden Bedingungen und Örtlichkeiten geübt und gearbeitet wird und er – im Gegensatz zum „Schutzhund" – seinen Herrn und dessen Gut auch schützen soll, „wenn er durch den Wald geht" (s. Schlußwort des Hauptteiles), zeigt sich das aggressive Benehmen als Wehrverhalten und nicht auf den Beutetrieb gestützt. Eine Ausbildung, *nur* auf letzterem beruhend, ist in der Tat lediglich ein „Spielchen" (s. S. 54), und da der Jagdhund durch immer neue Situationen besonders belastet wird, erscheint es richtig, es gar nicht erst zu diesem „Spielchen" kommen zu lassen.

Nach alledem löst sich der oben erwähnte Widerspruch auf; die Anlagen des Jagdhundes, seine Hauptausbildung und das Ziel der Förderung zum Schutzhund lassen es ratsam erscheinen, auf dem Wehrverhalten aufzubauen und den Jagdhelfer dadurch auch zum Schutzhund im Revier zu erziehen.

Bei dieser Erziehung nun ist grundsätzlich von denselben Gesetzmäßigkeiten auszugehen, nach denen der Gebrauchshund sein „Pensum" lernt. Jeder Jagdhundeführer weiß, wie wichtig die Ausgewogenheit von „Lob und Tadel" ist, die Verstärkung der Hunde bei dem Erreichen eines Triebzieles aus den Funktionskreisen Sozialverhalten und Meideverhalten gehört also auch hier zum täglichen Handwerkszeug. Als weitere Motivation ist von wesentlicher Bedeutung das Wehrverhalten, denn auf ihm aufbauend soll unser Jagdgefährte ja seine Beschützerrolle lernen. Neben die instrumentelle Konditionierung tritt also auch hier untrennbar die klassische Konditionierung, indem wir den Hund die Erfahrung machen lassen, daß in ganz bestimmten Situationen sein beschützendes Verhalten erwünscht ist, anderswo jedoch nicht.

Zum Schluß der theoretischen Erörterung noch ein Wort zur Wehrtriebförderung. Hier benötigt der Jäger wie der Schutzhundführer einen Helfer. So wie der Jäger jemanden braucht, der ihm behilflich sein wird beim Schleppenlegen oder Tupfen einer Rotfährte, wird er auch jemanden finden, der ihm bei der Erziehung des Jagdhundes zum Beschützer behilflich ist. Zweierlei ist jedoch zu beachten: Die Person (besser mehrere) sollte nicht zum engsten Bekanntenkreis des Jägers gehören und muß über ein gewisses Maß von Einfühlungsvermögen gegenüber dem Hunde verfügen.

Möglichst fremd sollten die Helfer sein, weil sie in allen Situationen bedrohend und angreifend auf den Hund oder seine Sphäre einwirken. Mit wenigen bestimmten Personen verbindet der Hund alsbald eine bedrohliche Situation (klassische Konditionierung), was unangenehm sein könnte, wenn der gute Freund mit friedlichen Absichten zum Abendschoppen ins Haus schneit.

Dazu kommt, daß der Gebrauchshund bei der Schutzhundprüfung einem Gegner entgegentritt, der genauso „abnorm" gekleidet ist wie bei der Übung, mit Mantel oder mindestens Arm. Im Gegensatz dazu soll unser Jagdhund in bestimmten Situationen gegen jedermann schützen, der Helfer muß also „Spaziergängerformat" haben. Dies und der Umstand, daß der Jagdhund nicht über den Beutetrieb gearbeitet werden sollte, bedingt einen weitestgehenden Verzicht auf den Ärmel oder Mantel; angebracht erscheint u. U. eine Manschette unter einer normalen Bekleidung.

Wegen des Einfühlungsvermögens sei auf die Ausführungen im Hauptteil verwiesen (s. Einleitung u. II A). Betont sei hier nochmals: Der Hund muß bei allen Gelegenheiten, in denen er zum Wehrverhalten animiert wird, „Sieger" bleiben, *er* muß „Meideverhalten" beim „Feind", dem „bösen Mann", hervorrufen, er darf nicht so bedrängt werden, daß er seinerseits die weiße Flagge (d. h. Meideverhalten) zeigt.

Nun zur Praxis: Es sei hier nochmals unterstrichen, daß es darauf ankommt, den Hund dort nutzbringend einzusetzen, wo wir bei der täglichen Jagdausübung uns tatsächlicher oder vermeintlicher Bedrohungen oder Angriffe zu erwehren haben. Das beginnt damit, daß wir unseren Hund während des Ansitzes im abgestellten Auto oder bei der Pürsch am abgelegten Mantel zurücklassen und er diese nun gegen Langfinger verteidigt, bis zu der gar nicht so ungewöhnlichen Situation, daß der Hund uns durch sein Verhalten beim Zusammentreffen mit zwielichtigen Personen im Revier Hilfestellung leistet oder auch im Falle eines Angriffs zufaßt.

Es gibt zwar noch Lehrbücher – leider auch neuester Auflage –, in denen die Ansicht vertreten wird, ein Hund müsse während des ersten Jahres die Muße und Möglichkeit haben, sich auszutoben, und erst nach diesem „Flegeljahr" dürfe man mit der Ausbildung beginnen. Diese Ansicht ist falsch. Die Erziehung des Hundes (im umfassenden Sinne) auf seine zukünftigen Aufgaben beginnt eigentlich schon im Kreise seiner Geschwister, durch die Mutterhündin und den Züchter, durch seinen Eigentümer, seinen späteren Herrn und Meister, in dem Augenblick, da er von seinen Geschwistern getrennt wird und ins neue Heim kommt. Auf diesbezügliche Einzelheiten hier einzugehen, verbietet sich, indessen beginnen wir mit der „so nebenbei" verlaufenden Erziehung unseres Jagdgehilfen zum Beschützer ebenso frühzeitig. Auch der „echte" Schutzhund wird im zarten Kindesalter schon im Beutetrieb gefördert (s. o. S. 31).

Während er jedoch den Hetzärmel (oder zunächst einen Lappen) als Beute ansieht, also durch bestimmtes Verhalten motiviert wird, soll bei unserem Jagdhund ja von vornherein der Wehrtrieb gefördert werden.

Die Ausbildung des Jagdgebrauchshundes

Bei der Motivation des Beutetriebes kommt der Schutzhundführer nicht umhin, schon ein Wehrverhalten zu provozieren; während dies jedoch dort nur ein Weg zur Förderung des Beutetriebes ist, stellt es bei uns den Ausgangspunkt der Ausbildung dar. Wir geben dem Hund allerdings keine Gegenstände, um ihn Beute erkämpfen zu lehren, sondern wir machen ihm sein „Eigentum" streitig, um ihn zu Wehrverhalten zu reizen. Dabei benimmt sich der Helfer zunächst ähnlich wie S. 31 ff., Ziel ist jedoch, daß der Hund durch sein Verhalten den Feind vertreibt.

Als Beute (die hier schon „gemacht" ist) dient etwa ein Knochen, der in der Kiste des Hundes gelegen hat, oder irgendein Spielzeug. Während sich nun der Helfer bedrohlich, aber auch unsicher, dem Hund mit seiner Beute nähert, erregen wir zunächst die Aufmerksamkeit durch Worte wie „Paß auf" o. ä., die wir anfeuernd wiederholen, wenn der Hund aufmerksam wird, die Behänge aufstellt, seinen Gegner fixiert, knurrt usw. Zeigt der Hundejüngling das erwünschte Wehrverhalten, muß der Helfer sofort „Meideverhalten" demonstrieren, sich also zurückziehen. Wie der Hund das Bestreben hat, Beute zu verteidigen, zeigt er auch Wehrverhalten im übrigen sozialen Bereich. Beispielsweise dann, wenn sich ein Fremder seinem Territorium nähert, das zunächst aus seinem Körbchen, Kistchen oder Plätzchen besteht und das späterhin auf Wohnung, Haus und Grundstück ausgedehnt wird, wie auch der Pkw dazu zählt, wenn der Hund oft genug mitgereist ist.

Das machen wir uns zunutze, indem wir auch dann „Paß auf" (oder ähnliches) sagen, sobald er einem Fremden gegenüber den Ansatz von Wehrverhalten zeigt. Gelegenheiten dafür gibt es genug, ohne daß immer ein Helfer zur Stelle sein muß. Schritte von Fremden im Flur oder auf der Straße vor dem Grundstück, der Besuch von Handwerkern, Postboten und ähnlichen Personen veranlassen den Hund zu Aufmerksamkeit und Zeichen von Wehrverhalten, und wir unterstützen dabei in der genannten Weise. Das bedeutet nun nicht, daß der Hund auch jeden dieser freundlichen Menschen konsequenterweise „schnappen" müßte, vielmehr reicht es, wenn er sein Wehrverhalten zum Ausdruck gebracht hat und dabei von uns unterstützt und danach gelobt worden ist. Hat er gebellt, geknurrt, kommt er in ein entfernteres Zimmer, und der Klempner kann den Wasserhahn reparieren. So „kapiert" der Hund nach kurzer Zeit entsprechend den Lerngesetzen, daß das anregende „Paß auf" mit Wehrverhalten zu beantworten ist. Allen Jägern ist bekannt, daß die meisten Jagdhunde auf „Katz, Katz" (oder ähnliches) reagieren, als ob tatsächlich gerade eine Katze entwischt sei; das Wort ist im gewissen Rahmen an die Stelle des tatsächlichen Vorgangs getreten.

Wenn unser Zögling nun auf unser „Paß auf" sein böses Gesicht aufsetzt, wir also sein Wehrverhalten aktivieren können, ohne daß ein unmittelbarer Bezug zu seiner sozialen Umwelt vorhanden ist, ist es nur noch ein weiterer Schritt, ihn ihm anvertraute Dinge verteidigen zu lehren. Wir legen ihn beim Rucksack, Sitzstock oder Lodenmantel ab und harren der Dinge, die da kommen. Sie kommen alsbald in Gestalt des bösen Mannes, unseres Helfers, der offensichtlich den Rucksack stehlen will. Da der Helfer nun nicht von vornherein als Bösewicht, der etwas im Schilde führt, erkennbar ist (er ist ja nicht mit Mantel oder Ärmel ausgerüstet), motivieren wir im Hund das Wehrverhalten durch das bekannte und ihm inzwischen geläufige „Paß auf". Der Helfer muß sich nun natürlich dem Hund und dem von ihm zu bewachenden Gegenstand auf bedrohliche Entfernung und bedrohliche Weise genähert haben. Zeigt der Hund Wehrverhalten, bekommt der Helfer die gebührende Angst und zieht sich zurück. So lernt der Hund alsbald, auch „ihm nicht gehörende", sondern ihm von uns anvertraute Gegenstände zu verteidigen wie seine eigenen und sein Territorium.

Ein weiterer Schritt ist, daß wir das Wehrverhalten durch „Paß auf" motivieren, wenn wir Personen dort im Revier begegnen, wo sie nicht „hingehören". Auf belebten Straßen, im Park oder auch im Wald nachmittags im Frühling treffen wir mit dem Hund viele Menschen, mit denen wir uns z. T. unterhalten und unter die wir uns mischen. Begegnet uns jedoch bei der Frühpürsch ein Pilzsammler, beim Heimweg vom abendlichen Ansitz ein noch seinen Wohlstandsspeck ablaufender Sportsmann, beim letzten Gassigehen vor der Bettruhe oder nachts auf dem Wege zum Briefkasten ein Nachtschwärmer, so reizen wir den Hund, wie es uns schon aus den vorhergehenden Übungen geläufig ist – aber leise und unauffällig, wie wir überhaupt mit dem Hunde sprechen, als ob uns niemand sonst hören sollte. Er hat ein recht feines Gehör und ist kein Rekrut auf dem Kasernenhof.

Nun haben wir den Hund nach einigen Monaten so weit, daß er sich – das Ablegen muß ebenfalls schon gelernt sein – bei Gegenständen (zu Hause, im Auto und auch, wenn wir zu einer Tageszeit im Walde sind, da sich andere dort nicht aufzuhalten pflegen) Fremden gegenüber zumindest unfreundlich benimmt. Gelegenheit, auch zuzuschnappen, haben wir ihm bislang noch nicht gegeben.

Dazu kommt es erst, wenn der Hund in allen beschriebenen Situationen Wehrverhalten zeigt und er (hoffentlich!) immer die Erfahrung gemacht hat, daß seine Reaktion den Gegner zum Rückzug veranlaßt. In der nun folgenden Phase genügt das bislang gezeigte Wehrverhalten nicht mehr, um den Gegner zur Flucht und Aufgabe seiner bösen Pläne zu bringen; vielmehr begibt sich der Gegner, um sein Ziel zu erreichen (z. B. den Rucksack wegzunehmen), in den Aktionsbereich des Hundes, der von der Leine, die sein Führer in diesem Stadium zunächst noch hält, begrenzt wird. Das führt zu einer bislang noch nicht dagewesenen nervlichen Belastung des Hundes, und es kommt nun sehr auf das Können des Führers und vor allem des Helfers an, sich der Individualität des Hundes entsprechend zu verhalten. Bei der Ausbildung in dieser Phase kann im wesentlichen auf die Ausführungen im Hauptteil zur Wehrtriebförderung verwiesen werden (S. 54 ff.).

Dabei ist jedoch auch an dieser Stelle zu betonen, daß wir nicht arbeiten und üben mit dem Ziel, eine Schutzhundprüfung auf einem Platz abzulegen, sondern für die Praxis und ebendaher auch *in* dieser arbeiten und üben müssen. Wenn es auch nichts schadet, den Beginn der den Wehrtrieb fördernden Übungen auf den Übungsplatz eines entsprechenden Vereins zu legen, so muß doch alsbald, auch wenn es etwas unbequem ist, sich das Weitere in Feld und Wald an wechselnden Örtlichkeiten und auch Tageszeiten abspielen. Weiterhin muß der Helfer wie ein Spaziergänger, Pilzsammler, Trimm-Pfad-Benutzer aussehen, nicht wie ein professioneller Dunkelmann. Nur eines darf (und kann ja auch technisch) nicht geschehen: das Wehrverhalten in den Beutetrieb zu kanalisieren (s. S. 61). Wir haben festgestellt, daß das Ziel des Wehrtriebes erreicht ist, wenn beim Gegner Meideverhalten ausgelöst ist, d. h. nochmals: Wenn der Langfinger durch Knurren, Anspringen oder letztlich durch Zupacken von seinem Plan abgebracht und in die Flucht geschlagen ist, ist für den Hund die Sache erledigt.

Nicht erledigt kann sie jedoch u. U. sein, wenn es sich um einen wesensschwachen Hund handelt. An dieser Stelle auf das „Wesen" im einzelnen einzugehen, verbietet der Charakter dieses Anhanges; zum richtigen Verständnis dessen, was gemeint ist, jedoch ein Zitat aus der schon erwähnten Abhandlung des JGHV-Forschungsausschusses:

„‚Wesen', richtig verstanden, ist der Verhaltenszustand eines Hundes, in dem er sich zum jeweiligen Zeitpunkt der Begegnung zeigt. Erwünscht ist eine innere Ausgewogenheit, eine Art Gelassenheit, die selbst bei Eintreten außergewöhnlicher Umwelteinflüsse bestehen bleibt oder aber sich schnell wieder einstellt. Wie ein Hund auf Umweltreize reagiert, hängt in erster Linie von seinen Nerven ab. Hunde, die sich selbst außergewöhnlichen Umwelteinflüssen gegenüber, sei es im dichtesten Stadtverkehr mit all seinem Lärm, oder im Feld und Wald, auf der Jagd unbeeinflußt, ausgeglichen und ruhig verhalten, sind bestimmt wesensfest.

Ihr Verhalten allen Einflüssen gegenüber ist durchaus und immer positiv. Im Gegensatz zur ‚Wesensfestigkeit' ist ‚Wesensschwäche' ein Zustand angeborener und erworbener oder auch nur erworbener, nervöser Reizbarkeit oder überempfindliche Reaktion auf alles Ungewöhnliche."

Daraus ergibt sich für uns zweierlei. Einmal bedarf es bei einem wesensfesten Hund keiner Kanalisierung oder Abreaktion besonderer Art, denn die ihm eigene innere Ausgewogenheit läßt ihn alsbald wieder „zu sich finden", wenn die Auseinandersetzung vorüber ist. Zum anderen lehrt dies, daß die Einarbeitung nur bei wirklich wesensfesten Hunden sinnvoll ist, denn so angenehm und wertvoll der verläßliche „Schützer" ist, so unangenehm und lästig wirkt der (S. 61 erwähnte) wild um sich keifende Hund. Diese Feststellung fast am Ende dieser Erörterung gehört an den Anfang, wenn man erwägt, seinen Jagdkumpanen auch ein wenig zum Polizisten zu machen.

Weiterhin sollte ein jagdlicher Schutzhund über ein gewisses Maß an Härte verfügen. Sobald Mängel in dieser Eigenschaft festgestellt werden, sollte der Jäger auf eine weitere Ausbildung in der eingeschlagenen Richtung verzichten. Da der Begriff der Härte besonders auch in der jagdlichen Kynologie unterschiedlich verstanden wird, muß kurz darauf eingegangen werden. Es soll hier wieder der JGHV-Forschungsausschuß zu Wort kommen:

„Gerade diesem Begriff anhaftende unterschiedliche Auslegungen erschweren nicht nur die Verständigung unter den Rüdemännern, sondern führen auch zu Fehlentscheidungen in der Zucht. Mit der Gleichsetzung von ‚Härte' und ‚Schärfe' war der Begriffswirrwarr vollkommen. Und so kam, was kommen mußte, nämlich daß heute der Begriff ‚Härte' ganz widersprüchlich angewandt und ausgelegt wird. Um dieses widersprüchliche Durcheinander zu entflechten, hat sich der Ausschuß bemüht, die Begriffe so darzustellen, wie sie sich in Wirklichkeit zueinander verhalten.

Beginnen wir mit dem Begriff ‚*Härte*'. Nach Prof. Dr. Dr. E. SEIFERLE, Zürich, ist ‚*Härte*' die Fähigkeit, unlustvolle Empfindungen und Erlebnisse, wie Schmerz, Strafe, Niederlage im Kampf ohne sich im Augenblick oder auf Dauer wesentlich beeindrucken zu lassen, hinzunehmen. Dieser kurzen einprägsamen Definition möchten wir uns in vollen Umfang anschließen.

Der Begriff ‚*Härte*' wurde, ja wird vielfach heute noch aus bekannten Gründen, wie eingangs bereits angedeutet, auch für ‚*Schärfe*' an Raubwild und Raubzeug angewandt, obwohl beide Begriffe sich ganz wesentlich unterscheiden. Gewiß gibt es Grenzbereiche, in denen der Unterschied nicht genau festzustellen ist. Auf alle Fälle ist zu beachten, daß ein *harter* Hund nicht auch unbedingt ein *scharfer* Hund zu sein braucht. Dies gilt natürlich auch im umgekehrten Sinn.

Für die spätere Verwendung der Hunde für den Gebrauch (Einsatz als Jagd-, Schutz- oder Familienhund) ist ein möglichst frühes Erkennen größerer oder geringerer Härte von wesentlicher Bedeutung. Welche Erkennungsmerkmale bringen uns hier weiter?

Schon der Kampf um die mütterliche Milchquelle in den ersten Lebenstagen, das Festhalten oder Verteidigen der gefaßten Zitze oder die Eroberung einer neuen, das Spiel und die dabei unvermeidlichen Beißereien geben uns Hinweise auf die später zu erwartende Härte. Mit der Größe der Welpen hat das in den wenigsten Fällen etwas zu tun. Bei ernstlichen Beißereien können wir durchaus erkennen, wie sich der Unterlegene verhält. Gibt er trotz Niederlage nicht auf, so schließt dieses Verhalten auf Härte. Das Gleiche gilt für unser Spiel mit den Welpen. Wir werden dabei feststellen, wie verschiedenartig sich die einzelnen Welpen auf unterschiedliche, auch schmerzhafte Einwirkungen verhalten, und können daraus bei genauer Beobachtung auf den zu erwartenden Härtegrad gewisse Schlüsse ziehen.

Diese Feststellungen sind deshalb so wichtig, weil sich bei der späteren Erziehung, Abrichtung und Führung für den Hund unlustvolle (unangenehme, schmerzhafte) Einwirkungen nicht vermeiden lassen, sondern sogar gewollt herbeigeführt werden müssen. Besitzt der Hund die gewünschte Härte, so wird er auf seine Weise damit fertig, auf keinen Fall läßt er sich nachhaltig beeindrucken. Jede Abrichtung (Ausbildung) ist die Konfrontation zwischen Lust und Unlust, sie wird bewußt herbeigeführt! Daher setzt die perfekte Ausbildung eine gewisse Härte voraus.

‚*Weichheit*' ist nach Prof. Dr. Dr. SEIFERLE die Eigenschaft, sich von unlustvollen Empfindungen oder beängstigenden Erlebnissen stark und nachhaltig beeindrucken zu lassen. Aus dieser Definition geht klar hervor, daß solche Hunde je nach dem Grad der Weichheit als Jagdhund und Schutzhunde nur bedingt brauchbar bzw. ganz unbrauchbar sind. Ob sie dagegen als Familienhund brauchbar oder gar erwünscht sind, dürfte Geschmackssache sein!" –

Auch ist gerade beim Schutzdienst und dann, wenn unser Hund wirklich das Zupacken gelernt hat, der Gehorsam des Hundes von Bedeutung. Diesem wird es kaum möglich sein abzuschätzen, wie weit er im Einzelfall mit seinem Angriff zu gehen hat, die Entscheidung hat der Führer zu treffen. Mangel an Gehorsam in derartigen Situationen führt im glimpflichsten Fall zu ärgerlichen Auseinandersetzungen. Während Unterordnung und Führigkeit vom Hund aus zum Meuteführer Mensch gehen, also angeboten werden, verlangt beim Gehorsam der Meuteführer Mensch vom Hund, daß er seinen Anordnungen, Befehlen usw. sofort bedingungslos und zuverlässig nachkommt. Hierbei spielen nun allerdings Bereitschaft zu Unterordnung und Führigkeit eine nicht geringe Rolle.

Einem unterordnungswilligen, führigen Hund ist leichter Gehorsam beizubringen als einem schwerführigen. Festen Gehorsam erreicht man nur durch konsequente individuelle Ausbildung. Diese kann in der Regel nicht ohne jeden Zwang gründlich und nachhaltig erfolgen. Der Hund muß lernen, sich in jeder Phase seines Tuns dem Willen seines Führers unterzuordnen, wobei der Ausbilder darauf zu achten hat, daß dabei die Arbeitsfreude nicht verloren geht. Er muß lernen, daß Gehorsam Lob und Anerkennung einbringt, während Ungehorsam meistens unangenehme Folgen hat.

Schließlich muß an dieser Stelle betont werden, daß die geschilderte Erziehung natürlich nicht so schnell geht. Der scharf beobachtende Eigentümer wird das erste Zeichen von Besitzverteidigungswillen ausnutzen und langsam seinen Hund „aufbauen"; das kann schon von der 9., 10. Lebenswoche an sein. Schrittweise vorgehend, wird dann die Belastung immer weiter gesteigert, aus vertrauter Umgebung geht es hinaus auf die Straße, ins Revier. Der Helfer läßt sich nicht mehr so schnell einschüchtern, es bedarf von seiten des Hundes eines größeren Einsatzes, um den Gegner in die Flucht zu schlagen, bis unser vierläufiger Lehrling schließlich – auf sich allein gestellt im Revier – den Rucksack auch gegen einen hartnäckigen Angreifer durch Zupacken verteidigt. Dieses Stadium wird er in aller Regel erst dann erreicht haben, wenn er eine „ausgereifte Persönlichkeit" ist; d. h. wenn er die Pubertät durchlaufen hat und die in ihm schlummernden Anlagen ausgereift sind, er sich seine Umwelt zu eigen gemacht und in ihr Erfahrungen gesammelt hat. Das wird kaum vor $1^{1}/_{2}$–2 Jahren der Fall sein.

Jagdhund ist nicht gleich Jagdhund, das gilt sowohl für die einzelnen Rassen und Schläge untereinander wie auch im Verhältnis zueinander. Die Ausbildung zum Schutzhund hängt neben den besprochenen psychischen Eigenschaften natürlich auch von der Größe ab. Ein Teckel mit dem tapfersten Herzen wird seinen Herrn nicht mit der gleichen Erfolgsaussicht verteidigen wie etwa ein Deutsch-Drahthaar-Rüde von 70 cm Schulterhöhe. Dennoch kann ein Teckel, im Auto oder bei einem Gegenstand abgelegt, eine wirksame Wache sein, wird er doch den Strolch durch sein Lautgeben meist zumindest verunsichern und uns, wenn wir in der Nähe sind, benachrichtigen. Ihrer individuellen Leistungsfähigkeit nach sollten und können also Jagdhunde durchaus zu Schutzhunden erzogen werden.

Wer den Ehrgeiz hat, sich auch mit einem Prüfungszeugnis bestätigen zu lassen, daß er einen Schutzhund führt, wird mancherlei zu bedenken haben.

Einmal setzt sich die Schutzhundprüfung neben dem Schutzdienst aus der Fährtenarbeit und den Unterordnungsleistungen zusammen, die je nach Stufe der Prüfung (SchH I–III) unterschiedliche Anforderungen stellen. Das heißt für den Jäger fleißiges Üben in einer Form, die er von der jagdlichen Ausbildung seines Zöglings her nicht gewöhnt ist. Wenn auch die Arbeit mit tiefer Nase auf Geläuf, Spur und Fährte des Wildes zum täglichen Brot eines Jagdhundes gehört, so heißt das noch nicht, daß er auch ohne weiteres die Menschenfährte in der bei der Schutzhundprüfung geforderten Manier arbeitet. Noch mehr wird sich der Führer bei den Unterordnungsleistungen umzustellen haben. Was in der Jagdpraxis als genügend anerkannt wird, würde bei dem Richter einer Schutzhundprüfung Hohnlachen zu Folge haben. Und was schließlich den Schutzdienst angeht: Der Zögling, der in der jagdlichen Praxis all das zur Zufriedenheit tut, was wir von ihm erwarten, hat noch lange nicht das Zeug, den Schutzdienstanforderungen zu genügen. Abgesehen davon, daß er das Revieren, Stellen und Verbellen lernen muß, wird er in den meisten Fällen bei der sogenannten Mutprobe scheitern, dann nämlich, wenn er frei und ohne unmittelbare psychische Unterstützung seines Herrn am Mann bleiben muß. Zum anderen verlangt das Hinarbeiten auf eine Schutzhundprüfung etwas anderes vom Hunde, als bislang in diesem Kapitel darzustellen versucht worden ist. Wir müssen ihn notwendigerweise auf ein sportliches Ziel hin „trainieren", und zwar nur um dieses Zieles willen. Das ist uns Jagdhundeleuten nach unserem Begriff von Prüfung fremd. Der Hund muß notwendigerweise häufig auf dem Platz gearbeitet werden, und zwar im Schutzdienst in der im Hauptteil beschriebenen Weise. Dabei bleibt nicht aus – da er am Ärmel arbeitet –, daß er *auch* über den Beutetrieb motiviert wird, was die unerwünschte Folge haben kann, daß er auf dem Platz Punkte sammelt, im Revier den Jedermann jedoch nicht beachtet.

Selbstverständlich schließt das eine das andere nicht aus, das hat die Praxis bewiesen. Es gibt Jagdhunde, die die Schutzhundprüfungen aller Stufen bestanden haben, daneben *auch* im Revier Schutzdienst leisten und auch noch ordentliche Jagdhunde sind. Nur sollte man immer bedenken, daß unsere vierläufigen Helfer in erster Linie ihrem Beruf als Jagdhund zu dienen haben und Schutzhundprüfungen nicht ihr Feld sind. Wenn einer mannscharf und so wesensfest und hart ist, daß er beides beherrscht, um so besser; auf ihn sollte man auch als Züchter sein Augenmerk richten.

Über den Jagdhund als Schutzhund ist in Büchern und Zeitschriften mancherlei geschrieben worden. Schon HEGEWALD war der Ansicht, „daß der deutsche Gebrauchshund eine Waffe zu bilden habe, auf die man sich besonders im Jagdschutz verlassen könne." Eine „Waffe" in diesem Sinne sind unsere Jagdhunde bis heute nicht geworden, weder von Prüfungs- noch Zuchtvereinen wird dies angestrebt. Indessen sollte das Vorhandensein der die „Mannschärfe" bedingenden Anlagen Veranlassung für den Führer sein, sich seinen Hund auf einem weiteren Gebiet nutzbar zu machen. Die neueren Erkenntnisse der Verhaltensforschung und Einblicke in das „Wesen" des Hundes erleichtern vielleicht die Arbeit in dieser Richtung.

Ergänzende Fachliteratur:

Pareys Hundebuch

Leitfaden für die zeitgemäße Hundehaltung. Von Dr. Ulrich Kober. 1981. Ca. 250 Seiten mit ca. 120 Abbildungen, davon 4 farbig. Ganz auf Kunstdruckpapier. Glanzkaschiert ca. 38,– DM. Erscheint im Mai 1981

Der Gebrauchshund

Haltung, Ausbildung und Zucht. Von Hegendorf. 14. Auflage, völlig neu bearbeitet von Horst Reetz. 1980. 198 Seiten mit 100 Einzeldarstellungen in 76 Abbildungen. Glanzkaschiert 32,– DM

Die Führung des Jagdhundes im Feld, am Wasser und im Wald

Ein Leitfaden für die Jagd mit dem Hunde. Von Hermann Eiserhardt. 6. Auflage, neubearbeitet von Horst Reetz. 1980. 144 Seiten, 9 Abbildungen. Kartoniert 19,80 DM

Die gerechte Führung des Schweißhundes

Ausbildung und Einsatz aller für die Arbeit auf der Wundfährte geeigneten Jagdhunde, dargestellt am Beispiel des Hannoverschen Schweißhundes. Von Walter Frevert und Karl Bergien. 4., neubearbeitete und erweiterte Auflage. 1979. 102 Seiten mit 64 Abbildungen, davon 16 farbig auf 3 Tafeln. Kartoniert 34,– DM

Vorstehhunde, Stöberhunde und Bracken auf der Schweißfährte

Ausbildung und Führung in der Praxis. Von Hans Lux. 2., bearbeitete Auflage. 1977. 102 Seiten mit 14 farbigen Abbildungen auf 3 Tafeln. Kartoniert 16,– DM

Der Jagdteckel

Ausbildung, Fütterung, Haltung und Zucht. Von Hans Lux. 4., überarbeitete und erweiterte Auflage. 1979. 120 Seiten, 8 Tafeln, 16 Abbildungen. Kartoniert 14,80 DM

Der gesunde und der kranke Hund

Von Dr. Peter Krall. 10., neubearbeitete Auflage von „Georg Müller/Richard Reinhardt: Der kranke Hund". 1979. 147 Seiten mit 42 Abbildungen im Text und auf 8 Tafeln. Leinen 29,80 DM

Hochsitze, Fütterungen und Hundezwinger

Eine Anleitung für den Selbstbau kleinerer jagdlicher Bauten und Anlagen. Von Fritz Barran. 5., neubearbeitete Auflage. 1978. 63 Seiten mit 78 Abbildungen im Text und auf 8 Tafeln. Kartoniert 12,– DM

VERLAG PAUL PAREY · HAMBURG UND BERLIN

Instinktlehre
Vergleichende Erforschung angeborenen Verhaltens. Von Prof. Dr. Nikolaas Tinbergen, Oxford. Übersetzt von Prof. Dr. Otto Koehler, Freiburg i. Br. 6. Auflage. 1979. XX, 256 Seiten, 130 Abbildungen. Kartoniert 35,– DM, Leinen 39,– DM

Tiere untereinander
Formen sozialen Verhaltens. Von Prof. Dr. Nikolaas Tinbergen, Oxford. Ins Deutsche übertragen von Prof. Dr. Otto Koehler, Freiburg i. Br. 3. Auflage. 1975. VIII, 150 Seiten, 84 Abbildungen, 8 Tafeln. Kartoniert 24,– DM

Einführung in die Verhaltensforschung
Von Prof. Dr. Klaus Immelmann, Bielefeld. „Pareys Studientexte", Nr. 13. 2., neubearbeitete und erweiterte Auflage. 1979. 249 Seiten mit 93 Abbildungen. Balacron brosch. 28,– DM

Ethologisches Wörterbuch – Ethological Dictionary – Vocabulaire Ethologique
Deutsch – Französisch – Englisch. Von Dr. Armin Heymer, Brunoy/Frankreich. Mit einem Vorwort von Irenäus Eibl-Eibesfeldt. 1977. 238 Seiten mit 138 Abbildungen. Balacron brosch. 28,– DM

Ethologie der Säugetiere
Von Prof. Dr. R. F. Ewer, University of Ghana. Aus dem Engl. von Dr. Lil De Kock, durchgesehen und überarbeitet von Dr. Paul Leyhausen, Wuppertal. 1976. 277 Seiten mit 13 Abbildungen im Text, 2 Tabellen und 13 Photographien auf 8 Tafeln. Balacron brosch. 54,– DM

Gedächtnis, Begriffsbildung und Planhandlungen bei Tieren
Von Prof. Dr. Bernhard Rensch, Münster i. W. 1973. 274 Seiten mit 132 Abbildungen und 23 Tabellen. Balacron brosch. 55,– DM

Die Sinneswelt der Tiere und Menschen
Fragen, Ergebnisse und Ausblicke der vergleichenden Sinnesphysiologie. Für Wissenschaftler und Naturfreunde. Von Dr. Lorus J. Milne und Dr. Margery Milne. Aus dem Amerikanischen übersetzt von Ingeborg Schwartzkopff. 2. Auflage. 1968. 315 Seiten. Leinen 28,– DM

Soziobiologie und Verhalten
Von Prof. David P. Barash, Washington/USA. Mit einem Vorwort von Edward O. Wilson, Cambridge, Massachusetts/USA. Aus dem Amerikanischen übersetzt von Dr. Ingrid Horn. 1980. 338 Seiten mit 94 Abbildungen und 5 Tabellen. Balacron brosch. 49,– DM

Preisstand: Frühjahr 1981. Spätere Änderungen vorbehalten

VERLAG PAUL PAREY · HAMBURG UND BERLIN